前　言

这是人类千年智慧的结晶。

瓦特发明蒸汽机，让人类进入了机械动力时代，18 个定律的提出同样也让世界前进了一大步。这是提升企业管理水平和谋求事业发展不可不知的 18 个定律。

优秀的团队更优秀而不是“乌合之众”应如何做：为什么 7 个人做 1 个人的工作反面更忙、更乱？为什么合情合理地提升下属却招来许多不必要的事端？为什么管理制度越来越多、越来越全，而员工却越来越不知道自己该怎么办？为什么一条道走到黑的悲剧一而再、再而三地重演，而善始善终者却少得可怜？……

假如你是普通的管理者，你一直试图了解管理的真正奥秘，但苦于进入不了它的核心。

假如你是一名经理，你可能注意到这些问题，但并没有仔细深思它。

假如你是一位老板，你可能已经被这些问题折磨得头痛，但却一直找不到解决的方法。

翻开这本书，有趣、深遂、启迪人心的见解都包含在这些伟大的定律之中，要达到进步或者超越只需谨记并适时地应用它们而已。

没有什么比这些影响世界的 18 个定律更能穿透管理、创业的本质，它们所包含的有趣解说看似简单，实为深遂的见解，对那些希望提高管理认知的人来说，毫不犹豫地了解它们是必须的。在现实生活中如能灵活应用这些定律，一定能达到意想不到的效果。

《影响世界的 18 个定律》是企业及任何公司的领导人、想创一番大事业的青年都应细读的书。书中以影响世界的18个定律为基础，讲述了这18个定律的内容、延伸以及在生活、管理中的应用，清晰地指出创业、管理的精粹，使管理者可从中汲取养料，增强自己的领导能力，成功地统御部属，有效地善用和驾驭一流的员工，使机构永续发展而达至不朽。尽管本书所说的均只是对18个定律的粗略讲解，然其所说及的经营管理、创业的原则和道理等，在稍加变通后，应亦可适用于各种企业领导、青年创业者和公司员工。理解并掌握这些影响世界的18个定律，对企业的领导者来说，肯定都是如虎添翼。

本书着重讲解了对世界上最有影响的18个定律，80/20效率法则、皮格马利翁效应、手表定律、彼得原理、多米诺效应、木桶定律、光环效应、路径依赖、帕金森定律、马太效应、蝴蝶效应……

在这本浓缩了人类智慧精华的书里，涵盖了个人成功与企业发展的方方面面。掌握并运用这些定律，你将了解支配企业和人生的黄金法则，你和企业的命运也将随之改变。

编　者

2005年1月

影响世界的十八个定律

解万物运行规律，人类如何用公式定义世界？

什么
事总会发生？

强者愈强
的秘密是什么？

定律

蝴蝶效应

法则

手表定律

效应

木桶定律

用顶级思维模型
提升你的决策力

李英伟◎编

中国纺织出版社有限公司
国家一级出版社
全国百佳图书出版单位

图书在版编目(CIP)数据

影响世界的十八个定律/李英伟编.—北京:中国纺织出版社,2005.1(2025.6重印)

ISBN 978-7-5064-3268-9

Ⅰ.影... Ⅱ.李... Ⅲ.企业管理—通俗读物

Ⅳ.F270-49

中国版本图书馆 CIP 数据核字(2004)第 135418 号

影响世界的十八个定律

选题策划:梅朝荣　　责任编辑:梅朝荣

责任印制:初全贵

中国纺织出版社出版发行

地址:北京东直门南大街 6 号　　邮政编码:100027

电话:010—64160816　　传真:010—64168226

http://www.c-textilep.com

E-mail:faxing@c-textilep.com

三河市兴达印务有限公司印刷

各地新华书店经销

2005 年 2 月第 1 版　2025 年 6 月第 2 次印刷

开本:1/16　印张:12

字数:150 千字　定价:59.80 元

目　录

第一定律　80/20 效率法则

“80/20 效率法则”告诉人们一个道理，即在投入与产出、努力与收获、原因和结果之间，普遍存在着不平衡关系。少的投入，可以得到多的产出；小的努力，可以获得大的成绩；关键的少数，往往是决定整个组织的效率、产出、盈亏和成败的主要因素。

第二定律　破窗理论

政治学家威尔逊和犯罪学家凯琳提出的“破窗理论”认为：如果有人打碎了建筑物的一块窗户玻璃，而这扇窗户又得不到及时的维修，别人就可能受到某些暗示性的纵容而去打碎更多窗户的玻璃。久而久之，这些破窗户就给人造成一种无序的感觉，结果在这种公众麻木不仁的氛围中，犯罪就会滋生和蔓延。

第三定律 木桶定律

一只木桶盛水的多少,并不取决于桶壁上最长的那块木板,而恰恰取决于桶壁上最短的那块木板。劣势决定优势,劣势决定生死,这是企业界最知名的管理法则,也是大部分管理者经营企业的金科玉律。

第四定律 路径依赖

路径依赖类似于物理学中的“惯性”,一旦进入某一路径(无论是“好”的还是“坏”的)就可能对这种路径产生依赖。某一路径的既定方向会在以后发展中得到自我强化。人们过去做出的选择决定了他们现在及未来可能的选择。好的路径会对企业起到正反馈的作用,通过惯性和“冲力”,产生飞轮效应,企业发展因而进入良性循环;不好的路径会对企业起到负反馈的作用,就如厄运循环,企业可能会被“锁定”在某种无效率的状态下而导致停滞。

第五定律　墨菲定律

事情如果有变坏的可能，不管这种可能性有多小，它总会发生。比如你衣袋里有两把钥匙，一把是你房间的，一把是汽车的，如果你现在想拿出车钥匙，会发生什么？是的，你往往是拿出了房间钥匙。

第六定律　马太效应

“凡是少的，就连他所有的也要夺过来。凡是多的，还要给他，叫他多多益善。”这就是马太效应。这是个赢家通吃的社会，善用马太效应，赢家就是你。

第七定律 帕金森定律

一个不称职的官员,可能有三条出路:一是申请退位,把位子让给能干的人;二是让一位能干的人来协助自己工作;三是任用两个水平比自己更低的人当助手。

这第一条路是不想走的,因为那样会丧失许多权力;第二条路则不能走,因为那个能干的人会成为自己的对手;看来只有第三条路可行。于是,两个平庸的助手分担了他的工作,他自己则高高在上发号施令,他们不会对自己的权力构成威胁。两个助手既然无能,也就上行下效,再为自己找两个更加无能的助手。如此类推,就形成了一个机构臃肿、人浮于事、相互扯皮和效率低下的领导体系。

第八定律 华盛顿合作定律

一个人敷衍了事,两个人互相推诿,三个人则永无成事之日。

第九定律　光环效应

由于对一个人的某种品质或特点有清晰的知觉且印象较深刻，这种强烈知觉的品质或特点，就像月亮形成的光环一样，向周围弥漫和扩散，从而掩盖了其他品质或特点，所以就形象地称之为光环效应。

第十定律　手表定律

手表定律是指一个人有一只手表时，可以知道现在是几点钟，而当他同时拥有两只手表时，却无法确定现在的准确时间。

第十一定律 皮格马利翁效应

每一个孩子都可能成为非凡的天才，一个孩子能不能成为天才，取决于家长和老师能不能像对待天才一样爱他、期望他和教育他。

第十二定律 蝴蝶效应

美国麻省理工学院气象学家洛伦兹(Lorenz)为了预报天气，他用计算机求解仿真地球大气的13个方程式。为了更细致地考察结果，他把一个中间解取出，提高精度再送回。而当他喝了杯咖啡以后回来再看时竟大吃一惊：本来很小的差异，结果却偏离了十万八千里！计算机没有毛病，于是，洛伦兹(Lorenz)认定，他发现了新的现象：对初始值的极端不稳定性，即“混沌”，又称“蝴蝶效应”。亚洲蝴蝶拍拍翅膀，将使美洲几个月后出现比狂风还厉害的龙卷风！

丢失一个钉子，坏了一只蹄铁；
坏了一只蹄铁，折了一匹战马；
折了一匹战马，伤了一位骑士；
伤了一位骑士，输了一场战斗；
输了一场战斗，亡了一个帝国。

第十三定律　羊群效应

市场上存在那些没有形成自己的预期或没有获得一手信息的投资者,他们将根据其他投资者的行为来改变自己的行为。理论上羊群效应会加剧市场波动,并成为领头羊行为能否成功的关键。

第十四定律　彼得原理

在一个等级制度中,每个职工趋向于上升到他所不能胜任的职位。彼得指出,每一个职工由于在原有职位上工作成绩好,就将被提升到更高一级职位;其后,如果继续胜任则将被一个不能胜任其工作的职工所占据。层级组织的工作任务多半是由尚未达到不胜任阶层的员工完成的。每一个职位最终都将达到彼得高地,在该处他的提升商数为零。至于如何加速提升到这个高地,有两种方法。其一是上面的“拉动”,即依靠裙带关系和熟人等从上面拉;其二是自我的“推动”,即自我训练和进步等,而前者是被普遍采用的。

第十五定律 蘑菇定律

蘑菇定律"是组织对待初出茅庐者的一种非常适用的管理方法,初学者被置于阴暗的角落(不受重视的部门或打杂跑腿的工作),浇上一头大粪(无端的批评、指责或代人受过),任其自生自灭(得不到必要的指导和提携)。

事业中的很多机会都是在每一次单调的工作实践中挣得的,如果你一开始就不想从事单调的工作,那么你永远也不会得到提升的机会!只有投身到社会生活中去,在生活中摔摔打打,你才会知道你能遇到的机会是无穷无尽的。平凡的人要用一种积极的心态来面对生活!

第十六定律 奥卡姆剃刀法则

12世纪,英国奥卡姆的威廉主张唯名论,只承认确实存在的东西,认为那些空洞无物的普遍性概念都是无用的累赘,应当被无情地"剃除"。他主张"如无必要,勿增实体",这就是常说的"奥卡姆剃刀"。这把剃刀曾使很多人感到威胁,被认为是异端邪说,威廉本人也因此受到迫害。然而,这些并未损害这把刀的锋利,相反,经过数百年的岁月,奥卡姆剃刀已被历史磨得越来越快,并早已超越原来狭窄的领域,而具有广泛、丰富和深刻的意义。

第十七定律　鲇鱼效应

一种动物如果没有对手，就会变得死气沉沉。同样，一个人如果没有对手，那他就会甘于平庸，养成惰性，最终导致庸碌无为。“鲇鱼效应”是最经典的潜能激发案例，所以一个组织中需要有几条“鲇鱼”。“鲇鱼”本身未必有多大能量，但他可以给整个组织带来能量释放的连锁反应。

第十八定律　多米诺效应

多米诺骨牌(domino)，又叫“西洋骨牌”。它最早起源于中国的一种古老的智力游戏，18 世纪传入欧洲后，经意大利人的发展，成为风靡世界的一种益智游戏。多米诺骨牌一块接一块倒下的连锁反应现象，科学家称之为“多米诺效应”。不论是在政治、军事还是商业领域中，如果不注意防微杜渐和堵塞漏洞，就可能产生一倒百倒的多米诺效应。

定律1 80/20效率法则

"80/20效率法则"告诉人们一个道理，即在投入与产出、努力与收获、原因和结果之间，普遍存在着不平衡关系。少的投入，可以得到多的产出；小的努力，可以获得大的成绩；关键的少数，往往是决定整个组织的效率、产出、盈亏和成败的主要因素。

1. 人生中的80/20效率法则

世界上有20%最优秀的人，能抓住世界上80%的好机遇，所以这20%最顶尖的人大约拥有80%的世界财富。同理，一个公司最优秀的20%的业务员，能完成公司80%的总业绩，而剩下80%的人只完成20%的业绩。这就是著名的80/20效率法则。那么回到现实，想想看，我们应该是什么人？我们想将自己塑造成怎样的人？

有所成就，不是难事。它不该是“99分的努力加上一分的灵感”。相反，你可以试试看，是不是“20分的努力，让你拥有目前80分的成就”，这成就要以你自己的价值观来衡量。如果事实如此，你就要小心经营这20分的努力。你能一次又一次获得成就吗？你能使成就升级吗？你能在更高的层次上重制一项成就吗？你能结合两项成就，使它们带来的成就感加倍吗？

往前看，你能去做哪些自己会引以为傲，而别人无法轻易达到的成就？如果你身边有100个人试着做某事，有什么是你花20%时间就能完成，而他们要80个人才做得到？你在领先的这20%里居于哪个位置？更严格一些，什么事是你能用2份时间，做得比他们花8份时间还更好的？这些问题乍听似乎像个谜，但它们都有答案。

80/20效率法则说得清清楚楚：你应追寻那些只需要用二十分的努力，就可以获得非常优秀结果的事情。

80/20效率法则道尽这种悲惨情境。我们所做的努力中，有20%可以带来80%的结果；但其余80%的努力，只有20%的结果。也就是说，我们把80%的力气，浪费在低价值的成果上。在我们所拥有的时间里，20%用来创造80%有价值的事；我们80%的时间，浪费在没有意义的事上。

2. 企业管理中的80/20效率法则

企业中的销售人员大多数都具有较强的内在成就动机，他们关注个人的发展，同时，他们也面临着较多的发展机会，所以个人发展和稳定性问题日益明显，如何识别、引导和发展这些人才是一个系统性的工作，需要相应的管理体制予以保证。

销售员小李在一家软件销售公司工作。2003年，公司全年销售额为6500万元，小李一个人完成销售额1900万元，在10名销售人员中排名第二，仅次于销售部经理。年终发奖金时，小李本以为除了销售提成，自己一定还可以额外获得一笔奖励，说不定还能得到提升。结果小李不但没有升职，也没有得到额外的奖励，只是和其他优秀的销售人员一样，只拿到了一个平均奖。与此同时，另一个圆滑世故、业绩平平的同事却得到了提升。事后，小李心理非常不平衡，没过多长时间，他就跳槽到另一家公司，并带走了几个大客户和即将落单的两个项目。

在这个案例中，我们可以看出80/20效率法则的体现：软件销售公司80%的效益是由最关键的20%的员工创造的，关键员工的去留对企业有着举足轻重的影响，如何有效管理关键员工是许多企业面临的难题之一。同时，该软件公司还犯了一个最常见的错误——实施平均主义。这样做的缺点是不但抹杀了最为关键的20%的先进者的成绩，而且混淆了奖励标准，造成业绩好的销售人员心理失衡，为企业下一步的发展设置了障碍。另外，对于提升问题，公司没有公布一个明确的标准，也没有提前与相关员工进行沟通，结果造成了优秀业务人员的流失，也给公司带来了相当大的损失。那么如何才能解决众多企业面临的这一难题呢？那就是使用“80/20效率法则”：用少的投入，得到多的产出。抓住决定整个组织的效率、产出、盈亏和成败的关键的少数。具体的做法可以分为下面几个步骤：

（1）关键员工队伍的规划

业务战略决定了组织所需的人力资源，配合企业的业务规划和经营策略，分析、明确哪些是实现战略目标不可或缺的、最重要的核心人员，是进行规划的第一步；接下来要对员工队伍的个人素质进行大“盘点”，比如现有人员是否已满足企业战略对关键员工的需求，缺口有哪些、有多大等；同时要分析外部人力市场的变化趋势及内部员工流失率情况，预测关键员工队伍未来的发展变化与业务发展的匹配情况。综合上述所有因素，企业可以对关键员工进行整体、系统的战略性规划，从而为关键员工的有效管理打下良好基础。

（2）关键员工队伍的建立

关键员工队伍的建立主要做好引进、培养和保留这三个方面的工作。

古语说：“夜光之珠，不必出于孟津之河；盈握之壁，不必采于昆仑之山。”引进人才首先要分析关键人才的来源，是在本地人力市场招募，还是在全国甚至国际市场寻找；是从同行业优秀企业挖“墙角”，还是寻找其他行业的“他山之石”等。关键人才进入公司之后再结合本公司的行业特点和企业现实条件制定关键人才策略，比如是以培养应届生为主，还是通过购并整合人才资源等。

关键员工的培养重点在于后备队伍的培养。关键员工的梯队建设是保证关键员工队伍健康和稳定发展的重要手段。企业要选拔认同企业价值取向、素质高、有潜力的后备人员，有计划地给予重点培养，逐步形成关键员工队伍的阶梯式构成，从而持续有效地支持组织战略目标的实现。

关键员工的保留要注意两点：一是对关键员工所拥有的资源的保留。留人主要是留“心”，创造良好和谐的企业文化氛围，追求组织与个人的双赢，是留“心”的根本。而如何把个人优势转化为企业优势则是保留关键员工的重点工作，比如骨干人员所拥有的核心技术、经验、个人声誉、客户关系等，这些资源常因人才流失带给组织很大的损失。加强团队建设是转化个人优势的有效方法之一，团队使个人的作用有限，团队内资源共享，从而分散和降低了组织对个人的依赖性。二是加强制度化的规范管理，比如技术知识的管理制度、客户关系的管理制度等，通过制度把个人所拥有的资源记录、整理、分享和保存，从而变成企业的资源和优势。

（3）激励关键员工

激励关键员工主要应从两个方面入手，即关键员工的绩效管理和薪酬管理。

关键员工的绩效管理是战略性的绩效管理。通过分析实现战略的成功因素，可以确定企业的关键绩效指标，并由此确定关键员工的牵引性绩效指标，从而把关键员工的主要活动和企业战略紧密结合，保证关键员工的绩效贡献直接支持企业战略以及战略目标的实现。

关键员工薪酬管理的重点要考虑中长期薪酬方案。员工付出劳动得到的回报包括经济性与非经济性两种，从时间上又有短期、中期和长期之分。关键员工是企业不可或缺的重要资源和核心能力，有时甚至决定企业生死存亡，这种唇亡齿寒的依存关系，决定了对关键员工的薪酬管理要重点考虑中长期薪酬方案。现在很多公司实施员工持股计划和期权计划正是基于这种考虑。

（4）开发关键员工队伍

关键员工队伍的开发重点在于素质开发，高素质是高绩效的基本前提。关键员工是企业价值的主要创造者，如何有效激发关键员工的斗志、激励他们保持最佳绩效，是关系到企业能否实现战略目标的关键所在。

3. 80/20的时间哲学

80/20效率法原则告诉我们，付出8分努力，可能只会得到2分结果；真正做事的人，所获报酬往往与付出不成比例。然而，那极少数的关键力量，可以形成重大影响，造就大部分的成果。这个法则可以让你拨开迷雾，辨明事物真正运作的方式，认清真正值得重视的人和事物，进而悟出自身应该如何施力，并由此得益。许多人往往付出了很多的努力却不能带来理想的结果，甚至是遭受嘲讽。事实上，努力必须明确方向，多劳者也要聪明一些，懂得运用省力的方法达到理想的结果。

在工作和生活上认真，绝对是美德，但如果能轻松一些，并可享受渴望中的事物，甚至更多，岂非妙事?!

诗人泰戈尔有云："我们看错了世界，却说世界欺骗了我们。"这世界绝对不会依你想像的方式对等运行。

在因和果、努力和收获之间，存在着不平衡的关系。典型的情况是：80%的收获来自20%的努力；其他80%的力气只带来20%的收获。在可以产生80%收获的20%上努力，就可以达到事半功倍的效果；如果改善或除去那近乎徒劳无功的80%，不就能减少资源的浪费吗？将80/20效率法则运用在企业和个人层面，就可以掌握人生的杠杆，以省力的精神，使企业加倍获利，并提升自己的业绩。

80/20效率法则给我们一个重要启示便是：避免将时间花在琐碎的问题上，因为就算你花了80%的时间，你也只能取得20%的成效；你应该将时间花在最重要的问题上，因为掌握了这些重要的少数问题，你只用20%的时间，就可取得80%的成效。

凡事应该讲求效果，既注重效率，又注重效能。办事分轻重缓急，远离"无效劳动"，看清问题实质，这就是80/20效率法则的精髓。个人时间管理最有效的办法是将准备做的事情列成表格，我们可称之为计划表。有效地使用它可以大大地改善你的时间计划，列表时要遵循以下规则。一是计划表所包括的事件应该比较现实，每件事都应该按重要性和先后顺序分为“必须”、“应该”和“可能”；重要的和紧急的事情占有优先权必须首先完成，避免先去完成那些简单的工作，从而占用了难度较大但是非常重要的工作的时间；二是把有期限的事情写下开始时间和完成的时间，把类似的任务放在一起（如打电话）；三是尽量把那些要求高质量结果的任务放到你最清醒的时间段内完成（做到这点，需要了解自身生物钟的高峰和低谷）。另外，为了适应外界不可预测的事情还需要设立机动时间，在改变任务之前留出“休息”和“思考”的时间。

组织关键任务，执行好计划表仅仅是管理好自己时间的第一步，下一步是审查一下你的时间流向。把某个星期的活动列出来，包括接收邮件、接打电话和开会等。留出难以预料的活动空间。用这种简单的形式，在你度过这个星期的过程中，记录实际花费在每一项活动中的时间，在一周结束时把他们加起来，将这个数字与应该发生的状况相对照，即理想状态下你的时间应该流向何处。你可能会发现某一段时间总有人在打扰你，你的干扰日志会帮助你劝服那些干扰者在对你们双方都认为合适的时间再来处理问题。

换一种方式思考 80/20 效率法则是对传统的线性思维和教条的逻辑思维的一种突破，它是一种不拘泥于理性的思维方式。

在现代世界，理性的人让自己适应世界，不理性的人则坚持让世界适应自己；因此世界的进步与否，全依赖这些不理性的人。必须改变目前这种用 80% 的时间做那些对我们的事业只有 20% 的效果的事物，而却用 20% 的时间做那些对我们的事业有 80% 的效果的事物。我们不是时间太少，而是太多，并且在不断地浪费时间。我们必须遵守以下原则：

①. 奖励特殊表现，而非赞美全面的平均努力。

②. 寻求捷径，而非全程参与。

③. 练习用最少的努力去控制生活。

④. 选择性寻找通路的关键，而非事无巨细。

⑤. 平静，锁定关键的少数去完成目标。

⑥. 在几件事情上追求卓越，不必事事都有好的表现。

保持会议的简短是提高时间管理技能的另一要点。事实上，没有比开会更能浪费时间的了（当然我们不是否认会议的重大意义），如有的管理者几乎一半的时间都用来开会了。对此，我们要争取做到以下几点：给每一个议事话题分配时间；严格忠于会议起始时间；委派专门记录人员；只讨论有关内容；确保参会人员有备而来；迅速把跑题的人引回正题。

对于时间管理还有一些其他的小诀窍，比如让更多的人知道你什么时间有空；提高自身的快速阅读能力；经常把文件例行归档等等。

总之，对于时间的有效管理，一方面让我们摆脱了大量模式化的枯燥工作，另一方面能为我们节省出较多的自由支配时间，有助于我们进行更多清晰的、有创造性的思考，从而做出准确的决策，并提高我们的工作效率和工作兴趣。它不仅适用于管理者，也适合于每一个人，包括你。

4．发现关键的人力资本

80/20 效率法则也适用于人力资本管理。

实践表明，一个组织的生产效率和未来发展，往往取决于少数关键性的人才，这些人可以帮企业获取大部分的利润。

我们传统的观念是，多数人才为企业发展做出了主要贡献。实际上，很多人看起来的确很忙碌，但并没有为公司创造什么价值。为企业或公司做出主要贡献的其实是小部分人，是 20% 的人创造了 80% 的利润。

按照 80/20 效率法则进行人力资源开发，首先就是要找到这

20% 的关键人物。为了找出他们，企业需要做一次全面的 80/20 分析，其中包括：

产品或产品分析；

顾客和顾客分析；

部门及员工分析；

地区或分销渠道分析；

财务及员工收入分析；

与企业员工相关的资料分析……

通过种种分析，我们会发现哪些人是重要的，而哪些人是微乎其微的。

运用 80/20 效率法则管理人力资本，有可能使人力资本的使用效率提升 1 倍。如果管理者无权或无力构建新制度，那么在现行制度下局部使用了 80/20 效率法则也会有助于组织目标的实现。

发现“关键少数”成员，实际上就是要发现对公司贡献最大的人。人力资本不像管理成本和营销成本，是看不见的、摸不着的，这就需要管理者有“伯乐”般的慧眼，找出那些真正能为公司出谋献策的人。

找到“关键少数”成员是必要的，但建立有效的收益分配机构，防止人员流失更为重要。

对组织中的“关键少数”成员和由“关键少数”成员组成的团队，要实行动态管理，即实行优胜劣汰制度，勇于启用优秀人才，淘汰不合格员工，建立完善的管理制度。这是维持组织活动和保持组织核心竞争力的必要条件。

定律2 破窗理论

政治学家威尔逊和犯罪学家凯琳提出的“破窗理论”认为，如果有人打碎了建筑物的一块窗户玻璃，而这扇窗户又得不到及时的维修，别人就可能受到某些暗示性的纵容而去打碎更多窗户的玻璃。久而久之，这些破窗户就给人造成一种无序的感觉，结果在这种公众麻木不仁的氛围中，犯罪就会滋生和蔓延。

1. 企业中如何运用“破窗理论”

美国心理学家詹巴斗进行过一项有趣的试验：他把两辆一模一样的汽车分别停放在帕罗阿尔托的中产阶级社区和相对杂乱的布朗克斯街区。停在中产阶级社区的那一辆，停了一个星期完好无损；而停在相对杂乱街区的那一辆，他摘掉了车牌并打开了顶棚，结果不到一天就被人偷走了。后来，他把那辆完好无损的汽车敲碎了一块玻璃，结果，仅仅过了几个小时车就不见了。以这项试验为基础，美国政治学家威尔逊和犯罪学家凯琳提出了一个“破窗理论”。他们认为：如果有人打碎了一栋建筑上的一块玻璃，又没有及时修复，别人就可能受到某些暗示性的纵容，去打碎更多的玻璃。久而久之，这些破窗户就给人造成一种无序的感觉。结果，在这种麻木不仁的氛围中，犯罪就会滋生和蔓延。

人是环境的产物，同样，人的行为也是环境的一部分，两者之间存在着互动关系。比如说在公共场合，如果人人都举止优雅、谈吐文明、遵守公德，往往能够营造出文明而富有教养的氛围。千万不要因为我们个人的粗鲁、野蛮和低俗行为而形成“破窗效应”，进而带来公共领域的无序和“失范”。从这个意义上说，我们平时一直在强调的“从我做起，从身边做起”，不能成为一句空洞的口号，而恰恰要求我们自身的行为对环境造成的必须是正效应。在社会其他领域，同样也有一个如何把握环境的暗示性和诱导性、如何修好“第一扇被打碎的窗户玻璃”的问题。

在企业管理中，打破“第一扇窗户玻璃”的，既有被管理者，也可能有管理者。虽然都是“破”，但二者却有本质的不同，其带来的影响也有天壤之别。第一扇窗被“打破”之后，管理者若能及时采取措施，就会保住第二扇、第三扇窗户玻璃不被打破。但如果管理者自己动手或参与打破第一扇窗，就会给员工一个放开闸门的信号，第二扇、第三扇甚至更多的窗户玻璃就会接连被打破。由此，可以得出这样的启示：

首先，任何一个违反管理规定的行为，哪怕是极其偶然的、个别的和轻微的，都是对管理秩序的破坏。

其次，这种破坏实际上是对大家的一种暗示，即："他打破窗户无关紧要，我再去打破窗户也无所谓。"如果公司内存在偏离公司价值观的思想观念和不良的作风与风气，公司不及时地批评制止及引导处罚，员工则实际上是受到了暗示性的纵容，这种暗示所产生的能量以及破坏力，要比所能预料的大得多。这种不良的现象会愈演愈烈，由点到面地扩散开去，最终影响到公司的企业文化建设及业绩。

如在制度实施过程中，如果有人违反规章制度，而没有被及时采取有力的措施给予制止，则其他人就会得到一种暗示性的纵容，这种"破窗"行为在企业整个管理系统中就会产生连锁反应，并在企业内部弥漫出一股无序和麻木不仁的氛围，使企业所有管理制度的权威性都面临着严峻的挑战。那么用不了多长时间，就会有更多的破坏管理秩序的行为会如雨后春笋般地滋生出来，会使各种管理规定受到剧烈的冲击，并导致生产陷入无序的局面。

因此，在管理过程中，管理者应该首先严以律己，以身作则，树立典范。如果管理者对"打破玻璃"者采取睁只眼闭只眼，大事化小，小事化了的处理方式，将给其以"不过如此"的感觉，无疑会纵容更多的人"去打破更多的玻璃"。长期下去，在这种公众麻木不仁、管理者视而不见的氛围中，一些不良风气、违规行为就会滋生和蔓延。因而，作为公司及管理者，对"破窗"现象，要"小题大做"地及时制止、矫枉过正，既要使"破窗"者受到惩治，又要及时修好"第一个被打碎的窗户玻璃"，做到纠、建并举，防微杜渐，以防"千里之堤，溃于蚁穴"。

在管理中，也不能一味地"禁堵"、"惩处"，否则会使员工产生太大的心理压力，反而适得其反。而是应该采取大禹治水的方法，在“堵”的同时还要采取“疏导”的方针。同时完善各项规章制度，深化规范化管理，做到凡事有章可循、有据可查，使员工严格按照规范管理的要求去做，从小事做起，从自我做起，并逐渐形成良好的习惯；建设良好的工作环境和人文环境，大力宣传公司的企业文化理念，营造积极进取的工作、学习氛围，引导和规范员工的工作习惯和行为作风，为公司的发展服务；制定完善的激励措施与奖励制度，对员工的有利于公司发展目标的工作作风、行为习惯和贡献及时给予褒奖。在环境方面应该为员工营造一个舒爽有序的工作环境，规范员工的工作习惯与工作作风，督促员工全面做好安全文明生产工作。比如，通过生产现场的照明改造，生产运行的人员在良好的照明下，操作与检查就会更细致认真，不会认为我看不清楚就不去检查，从而巡回检查的质量就会更高。这样就可以杜绝“破窗”现象的发生，使公司的管理工作始终处于良性发展状态。

2.“小题大做”有道理

“红灯停、绿灯行、黄灯示警”，相信是妇孺皆知的道理。黄灯亮时，司机应当脚踩刹车，减速慢行或者停车，以防不测。然而道理简单却往往事与愿违。我们常见到的是，黄灯一亮，仿佛吹响了前进的号角，司机不踩刹车反踩油门，于是你争我抢、一哄而上，就连路中间的行人和自行车也不甘寂寞，大凑热闹，结果造成交通混乱、堵塞甚或瘫痪也就在所难免了。

为什么如此简单的事情却难以实行？原来司机看见黄灯会产生以下几种心理：急，黄灯一亮，司机往往感到神经紧张，肌肉紧绷，不由自主地会不慢反快。侥幸，这种人不在少数，自信自己的坐骑速度一流，短短的黄灯区，那还不是眨眼的工夫。他们喜欢那种投机取巧、绝尘而去的感觉。从众，诸多车辆共同前进，只要有一位闯黄灯，其他的大多也会不甘落后。“哼，你闯我也闯”、“法不责众”等往往就是他们心底的声音。在我们的日常生活和工作中，我们还发现下面一些类似的情况：

——一个人带头摘取商店门口摆放的鲜花，其他人就群起而效仿，将数个花篮中的鲜花一抢而空。

——桌上的财物，敞开的大门，可能使本无贪念的人心生贪念。

——有的员工工作中违反程序，还称“XX 都是这样干的!”或者“上次就是这样做的!”

——对于违反公司程序或廉政规定的行为，有关组织没有进行严肃处理，没有引起员工的重视，从而使类似行为再次发生甚至多次重复发生。

——对于工作不讲求成本效益的行为，有关领导不以为然，使下属员工的浪费行为得不到纠正，从而日趋严重。

其实，在企业管理中也有很多类似的事情，那么我们如何才能保证秩序正常执行，企业正常运转呢？那就是借助于“破窗理论”。在日本，有一种称作“红牌作战”的质量管理活动：

①清理：清楚地区分要与不要的东西，找出需要改善的事、地、物。

②整顿：将不要的东西贴上“红牌”，将需要改善的事、地、物以“红牌”标示。

③清扫：有油污、不清洁的设备贴上“红牌”，藏污纳垢的办公室死角贴上“红牌”，办公室、生产现场不该出现的东西贴上红牌。

④清洁：减少“红牌”的数量。

⑤修养：有人继续增加“红牌”，有人努力减少“红牌”。

“红牌作战”的目的是，借助这一活动，让工作场所得以整齐清洁，塑造舒爽的工作环境，并进而养成企业内成员做事有讲究的心，久而久之成了习惯，大家遵守规则，认真工作。许多人认为，这样做太简单，芝麻小事，没什么意义，而且兴师动众，没有必要。但是，一个企业产品质量是否有保障的一个重要标志，就是生产现场是否整洁。这应是“破窗理论”比较直观的一个体现。

更重要的可能在于，企业中对待“小奸小恶”的态度，特别是触犯企业核心价值观念的一些“小奸小恶”，小题大做的处理是非常必要的。

美国有一家以极少炒员工著称的公司，一天，资深熟手车工杰瑞为了赶在中午休息之前完成三分之二的零件，在切割台上工作了一会儿之后，就把切割刀前的防护挡板卸下放在一旁，没有防护挡板安放收取起加工零件来更方便、更快捷一点。大约过了一个多小时，杰瑞的举动被无意间走进车间巡视的主管逮了个正着。主管雷霆大怒，除了目视着杰瑞立即将防护板装上之外，又站在那里控制不住地大声训斥了半天，并声称要作废杰瑞一整天的工作量。事到此时，杰瑞以为结束了，没想到，第二天一上班，有人通知杰瑞去见老板。在那间杰瑞受过好多次鼓励和表彰的不规则形状的总裁室，杰瑞听到了要将他辞退的处罚通知。总裁说：“身为老员工，你应该比任何人都明白安全对于公司意味着什么。你今天少完成了零件，少实现了利润，公司可以换个人或换个时间把它们补出来，可你一旦发生事故失去健康乃至生命，那是公司永远都补偿不起的……”离开公司那天，杰瑞流泪了，工作了几年时间，杰瑞有过风光，也有过不尽如人意的地方，但公司从没有人对他说不行。可这一次不同，杰瑞知道，他这次碰到的是公司灵魂的东西。

公司对于员工中发生的“小奸小恶”行为，要引起充分的重视，只有小题大做，加重处罚力度，严肃公司法纪，才能防止有人效仿，否则积重难返。特别是对违犯公司核心理念的行为要严肃查处，绝不姑息养奸。以“小题大做”去处理，防止“千里之堤，溃于蚁穴”，正是及时修好“第一个被打碎玻璃的窗户”的明智举措。

3. 防止“千里之堤，溃于蚁穴”

古语：“千里之堤，溃于蚁穴”说的是千里的大堤如果不能防微杜渐，也有可能溃决于一个小小的蚂蚁洞穴。这也是“破窗理论”的体现，如果一个公司对于“破窗”不及时进行修补，这些细微之处就可能牵一发而动全身，使公司面临毁灭的地步。事实上，在整个运营体系中，中小公司领导力方面的若干“破窗”问题，更需要引以注意。以下结合A公司的实际案例，谨希望能给予其他公司的管理者以警示和启迪。

A公司是一家以广告创意、设计及制作为主要业务的广告公司，经过多年的运作和发展，事业蒸蒸日上，并成为国内著名家电企业D集团华北事业部的招标广告公司。随着发展需要，A公司的法人代表在北京成立了一家新的广告公司，开拓北京业务，并交由法人代表的妻子H经理全权经营打理。

A公司承接了D集团一批商场海报的设计和印刷任务，在设计稿设计完毕准备输入写真的时候，设计师突然发现海报上的e-mail有一个字母不对，准备打电话通知暂缓写真，身后的H经理说：“不用了，那样要耽搁时间，这个稿子上的文字我们是依据D公司提供的文字设计的，而且他们也已经签过字认可。听我的，就这样了！”。两日之后，在D集团领导到商场检查工作时，不经意间发现了这个错误，加之其他方面的因素，A公司暂时被D集团停止了业务。

也许一个e-mail的错误并不是A公司被暂停业务的全部理由，但我们却不能不说这样多次工作的失误无疑加速了A公司被暂停的脚步。就这样，A公司的经营业绩每况愈下。最后导致A公司内部员工满腹怨言，业务骨干几欲辞职。同时，几家供应商也打算终止与A公司的业务合作。

在我们为客户服务的过程中，在我们的职责和能力之内，我们有理由为客户把细节工作做得更好。随着市场经济和市场竞争的进一步深入，市场的精耕细作已成为统一的呼声，而此时对于公司的运营管理自然也应从战略出发，从细微之处入手，防微杜渐，防患于未然。在内部管理、行业合作和客户服务上应进一步审视和重视细节。尤其是规模较小的企业，更应注重完善管理，更须注重“蚁穴”，一切注意从细微处做起！

出现这样的结局，并非A公司发展规划、运营战略的失误，也不是材料供应单位有意刁难，而且A公司员工也有一定的作业水准和素质。然而陷入这样的危局，问题的关键在于，H经理在运营过程中对“破窗”问题的态度，没有及时修好第一扇被打破的窗户玻璃，这也正是影响A公司良性发展的致命要素，是“蚁穴”所产生的破坏力量。

定律3 木桶定律

一只木桶盛水的多少，并不取决于桶壁上最长的那块木板，而恰恰取决于桶壁上最短的那块木板。劣势决定优势，劣势决定生死，这是企业界最知名的管理法则，也是大部分管理者经营企业的金科玉律。

1. 团队精神是每一个人必须的

木桶定律告诉我们：一只沿口不齐的木桶，盛水的多少，不在于木桶上最长的那块木板，而在于最短的那块木板，要想提高水桶的整体容量，不是去加长最长的那块木板，而是要下工夫依次补齐最短的木板。

你可以很容易发现木桶和企业的共同之处，即构成系统的各个部分往往是优劣不齐的，劣质部分往往决定了整个系统的水平。因为，最短的木板在对最长的木板起着限制和制约作用，从而决定了整个系统的战斗力，影响了整个系统的综合实力。

因此，一个组织，不是单靠在某一方面的超群和突出就能立于不败之地的，而是要看整体的状况和实力；一个团体，是否具有强大的竞争力，往往取决于是否存在突出的薄弱环节。劣势决定优势，劣势决定生死，这是市场竞争的残酷法则。

中国人很少会把团队利益放在个人利益之上。其实在一个企业，团队利益和个人利益是一起的，公司好了大家都好，公司垮了，个人也拿不了几个月薪水。外国人很崇尚个人价值，但在企业和组织里面非常遵循个体服从整体的准则，这就是对企业的正确理解。所以，很多中国的职业经理人其实很不职业，他们没有团队精神，把个人或者部门凌驾于整个组织之上，开会讲话都是“我们市场部”、“他们技术部”、“他们物流部”、“他们财务部”，听起来不像是一个公司的员工。

缺乏团队精神，企业内耗就多了，因为部门间的摩擦太多，人与人之间的摩擦太多，企业因此将大部分的时间浪费在管理内耗上，而不是生产方面。为什么国外几万人的公司都管得好好的，而咱们有的国内企业百十号人就像一盘散沙？这不是一个管理制度或者管理手段的问题，而是一个文化的问题。我们有些人老爱在自己内部起哄，不顾全大局，不懂得理解，不会妥协，结果天天吵架，你争我斗，企业就在这样的内耗中完蛋了。

通过对“木桶理论”的思考，使大家意识到了企业团队精神建设的重要性：通过组建企业团队，发扬团队精神，不仅能使团队的目标实现得更快更好，也能让团队里的每一个人都得到充分发展。

说到团队精神，有的人容易将其与团结精神混淆，认为两者没有什么区别，其实不然。所谓团队精神，并不等同于团结精神，可以说团队比团结的含义丰富得多：团队精神是一种综合的精神状态，并非某一种具体的精神，而团结则是指一种具体精神。团结是点，而团队是面，两者是点与面的关系。团队精神包括我们通常所讲的“团结、紧张、严肃、活泼”的精神风貌，还有“互助”、“协作”、“竞争”等具体精神，而团结精神仅是团队精神的一个枝叶。团队精神的实质是一种英雄集体主义，其目标结果为：共同进步；其目标实现方式为：集合众智、相互协作、共同奋斗。而团结意为联合，仅有其中共同的含义。当然，团结精神是团队精神不可缺少的一部分，团结也是一个团队之所以称之为团队的必然基础。

在一个团队里，决定这个团队战斗力强弱的不是那个能力最强、表现最好的人，而恰恰是那个能力最弱、表现最差的落后者。因为，最短的木板在对最长的木板起着限制和制约作用，决定了整个团队的战斗力，影响了整个团队的综合实力。也就是说，只有想方设法让短板子达到长板子的高度，或者让所有的板子维持“足够高”的相等高度，才能完全发挥团队作用。

一个公司是团队的组合，企业文化协调公司内部之间不尽相同的团队文化，并整合各种团队文化。这种整合通俗地说就是统一思想，就是强化凝聚力，只有这样的一个企业才有战斗力。

从小时候起就经常听人讲述一个故事：一个国王临终前把他的10个儿子叫到一起，让他们做个游戏。国王手中攥着一把筷子，一根根分发给每个儿子，让他们把筷子折断。儿子们个个都轻易地做到了。国王又拿出一把筷子让儿子们再折，却无人能将其折断。国王说："一根筷子很容易被折断，一把筷子就很难折断。这就是团结的力量。你们弟兄10人只有团结一心，才能保证江山社稷永不丢失。"

这是一个古老的传说，立意颇显陈旧，揭示的也是一个十分浅显的道理，但倘赋予其新义，却仍耐人寻味。这就是强调团队的作用，团结协作，人人可赢。

2. 合作能力对一个人很重要

对于一个团队来说，团队精神的形成并非一日之功，而是日积月累之沉淀。唯团队成员都具备团队合作的能力，团队精神才能得以形成。而团队中任一成员如不具备团队合作能力，团队就可能面临分崩离析的危险，更何谈团队精神？对于集团企业来说，团队精神的形成更非易事，也许某些员工在一个小集体里如一个部门或下属单位能团结该集体所有成员，但如果将其放在集团这个大集体里，可能就出问题了，他可能没办法放弃狭隘的部门观念或小单位观念。严格来说，这些员工并不具备团队合作的能力。一个具备团队合作能力的员工，不管是处于小团队还是大团队中都能为了共同的团队目标而与团队成员通力合作。同时他也能以大局为重，在个人利益与团队利益发生碰撞时，能顾全团队利益；在小团队利益与大团队利益发生不可调和的冲突时，能以大团队利益为重，需知"皮之不存，毛将焉附"。优秀的员工除了应具备过硬的专业知识外，还应具备优秀的团队合作能力，在某种程度上说，团队合作能力比专业知识更为重要。作为团队中的一员，我们又应该从哪几个方面来培养自己的团队合作能力呢？

第一，要认识到，团队协作精神对个人的素质有较高的要求。在一个团队中，每个成员的优缺点都不尽相同。你应该去积极寻找团队成员中积极的品质，并且学习它。让你自己的缺点和消极品质在团队合作中被消灭。团队强调的是协同工作，较少有命令和指示，所以团队的工作气氛很重要，它直接影响团队的工作效率。如果团队的每位成员，都去积极寻找其他成员的积极品质，那么团队的协作就会变得很顺畅，团队整体的工作效率就会提高。

第二，要认清楚自己的价值地位。无论你在企业中充当什么角色，你的每一项工作与他人的工作都有一个接口。这就意味着你的工作需要得到他人的帮助，要想得到别人的帮助，必须先要帮助别人。当然也不要忘了时常检查一下自己的缺点，比如自己是不是还是那么对人冷漠，或者还是那么言辞锋利。这些缺点在单兵作战时可能还能被人忍受，但在团队合作中会成为你进一步成长的障碍。团队工作中需要成员在一起不断地讨论，如果你固执己见，无法听取他人的意见，或无法和他人达成一致，团队的工作就无法进展下去。团队的工作效率在于配合默契，如果达不成这种默契，团队合作则可能是不成功的。如果你意识到了自己的缺点，不妨就在某次讨论中将它坦诚地讲出来，承认自己的缺点，让大家共同帮助你改进，这是最有效的方法。当然，承认自己的缺点可能会让你感到尴尬，但你不必担心别人的嘲笑，你只会得到他们的理解和帮助。

第三，要认识到“支持，是团队合作的温床”，必须学会与伙伴相互扶持，并把对伙伴的培养与激励视为最优先的事，懂得取胜要靠大家协调合作的道理。因为，任何产品或企业的品牌不是自制的，要经过各方检验、认可才能形成。同样，个人品牌绝不是自封的，而是被大家所公认的。

第四，要端正心态，视需要而自觉调整角色，学会欣赏别人。每个人都有被别人重视的需要，特别是这些具有创造性思维的知识型员工更是如此。有时一句小小的鼓励和赞许的话就可以使他释放出无限的工作热情。并且，当你对别人寄予希望时，别人也同样会对你寄予希望。同时这也是一种人格的修养、一种气质的提升，它有助于自己逐渐走向成熟，走向成功。它对于一个人的生存能力、协作能力、发展能力的提高，都具有十分重要的意义。就个人而言，形成了自己的个人品牌，就有了工作保障。对企业而言，这样的人才，是值得信赖的。

在“知识爆炸”时代，一个人不可能掌握众多的科学技术知识和生产技能，需要与不同专业的员工通力合作。比如，一个充满活力的项目组，要有精明的决策者、全面的组织者、踏实的执行者、机敏的反馈者、冷静的咨询者、廉明的监督者，做到“八仙过海，各显其能”。有了团队合作精神，有了配合默契的具有高度凝聚力的优秀团队，一个部门、一个企业就犹如猛虎添翼，从此可以所向披靡，各尽所能，各扬其长，互补其短，从量变到质变，产生质的飞跃，产生一种“核力”，一种超过每个人能力总和的新的合力，迅速赶上和超过竞争对手的实力。这就是通过整合“木桶定律”而获得的巨大财富！

3. 改正自己的缺点

金无足赤，人无完人。每个人都免不了会有这样那样的缺点错误，但人又不能以此为由而放松对自己的要求；相反，应尽量去追寻完美，使自己少犯或不犯错误，素质不断得到提高。英国哲学家、政治家培根曾说过：“一个人的大性不长成药草，就长成莠草；所以他应当时时灌溉前者而芟除后者。”如何“灌溉前者”，道理不言而喻；怎样“芟除后者”，则有必要做些分析研究。种田的农民都晓得，坚持时时芟除“莠草”，无疑为“药草”腾出了空间，节约了养分，有利于“药草”的茁壮成长。否则，良莠相争不仅影响“药草”成长，弄不好，田地还可能成了“莠草”的天下。同理，一个人如不及时改正自己的缺点错误，难免变小错为大错，甚至陷入泥潭而不能自拔，这样一个连自己都顾不了的人更谈不上与团队进行合作了。所以应时时芟除“莠草”——通过批评与自我批评改正缺点错误，这是做人的常识。

只要稍加注意，人们一般都是能够做得到的，这样我们就能更好地与团队进行合作。

我们常常看到，一个有着很多优点，被大家认为会成功的人，却出乎意料地失败了，并永无再翻身的机会。这不奇怪，因为只要有一个致命缺点，它就会像毒瘤一样无限期地拖延你的成功。在一个团队中，我们更应该注意这一点，因为团队中一分子的失败足以导致整个团队的失败。然而团队中的每一个人都来自不同的地方，肯定会有那样或这样的缺点，我们在纠正自己这些缺点的同时，又应该如何更好地与大家相处呢？

（1）热爱自己的工作

积极面对你的工作，保持良好的状态。能找到自己喜欢且擅长的工作是幸运的，只有工作时能感觉到“乐在其中”，才能不知疲倦地、全身心投入，才能以最佳的状态、积极的心态面对工作中所出现的各种问题。不要忘了工作是为了更好地享受生活。当然也有一些人对自己的薪水、老板、工作环境等等不满意，但是很少从自己的缺点想，是不是对这份工作问心无愧，真的把能学到的东西都学到了吗？

（2）认同公司理念，欣赏他人的优点，维护公司的声誉

这个世界人才很多，但企业所需要的是那种能够真正认同公司理念、以公司利益为个人的最高利益的人。只有看到别人的优点并容纳其缺点，你才能以欣赏而不是“忍受”的方式去跟同事相处。

不要在外面讲公司的坏话！“在什么地方都不要讲别人的坏话”，这是我们从小接受的道德教育，在公司里也是这样，这可列为职场最重要的常识之一。但遗憾的是有很多人并不是这样做的，这种人在外人的眼里是幼稚、不懂事的表现。他们虽然嘴上不说，但在心里也会想：“如果这个公司不好，那你为什么要留下？还有，公司不好，公司里的人又能好到哪里去？”所以说，公司的声誉就是个人的声誉，随时随地维护公司的声誉，也就是在维护你自己的声誉。

（3）合作、分享，共同进步

分享、合作才能使你更快进步，世界冠军是在竞争中产生的。在一个你追我赶的竞争环境中，谁有不懂的地方都会及时得到指点，谁有困难时都有几双真诚的手无私地伸到你的面前——这种感觉是不是很好？这样的氛围不是从天上掉下来的，是靠你、靠我、靠大家真诚相对、相互支持才可以获得的。

（4）不搞办公室政治

能将全身心的精力都投入到工作上，将你的潜能发挥到极致，这是一种境界。真正良好的公司氛围，是绝对没有办公室政治的。大家更不会在意你有什么样的背景和多高的学历，唯一评价标准就是这个人的态度、能力和效果！大家在这种简单、透明的关系中相处才能融洽，彼此之间的合作也会更加真诚，这样的队伍才能堪称是一支具有战斗力的队伍。相处之道贵在真诚，也不要刻意地去奉承和讨好别人。如果对方感觉到你是在刻意讨好他的话，心里会极为不舒服。以后即使是发自你内心的真心话他也会怀疑。所以，要发自内心地去认同别人、赞美别人，假如你实在找不到对方值得你赞美的地方，那么宁愿沉默不说。

定律4 路径依赖

路径依赖类似于物理学中的“惯性”，一旦进入某一路径（无论是“好”的还是“坏”的）就可能对这种路径产生依赖。某一路径的既定方向会在以后发展中得到自我强化。人们过去做出的选择决定了他们现在及未来可能的选择。好的路径会对企业起到正反馈的作用，通过惯性和“冲力”，产生飞轮效应，企业发展因而进入良性循环；不好的路径会对企业起到负反馈的作用，就如厄运循环，企业可能会被“锁定”在某种无效率的状态下而导致停滞。

1. 路径依赖的起源

一旦人们做了某种选择，就好比走上了一条不归之路，惯性的力量会使这一选择不断自我强化，并让你轻易走不出去。

第一个使“路径依赖”理论声名远扬的是道格拉斯·诺思，由于用“路径依赖”理论成功地阐释了经济制度的演进，道格拉斯·诺思于1993年获得诺贝尔经济学奖。

诺思认为，“路径依赖”类似于物理学中的惯性，事物一旦进入某一路径，就可能对这种路径产生依赖。这是因为，经济生活与物理世界一样，存在着报酬递增和自我强化的机制。这种机制使人们一旦选择走上某一路径，就会在以后的发展中得到不断的自我强化。

“路径依赖”理论被总结出来之后，人们把它广泛应用在选择和习惯的各个方面。在一定程度上，人们的一切选择都会受到路径依赖的可怕影响，人们过去做出的选择决定了他们现在可能的选择，人们关于习惯的一切理论都可以用“路径依赖”来解释。

一个广为流传、引人入胜的例证是：美国铁路两条铁轨之间的标准距离是4英尺8．5英寸。为什么要制定这样一个拗口的标准呢？是因为当时美国铁轨是英国人造的，英国人参照的是英国电车轨道的标准。

那么，电车的标准又是从哪里来的呢？

最先造电车的人以前是造马车的，所以电车的标准是沿用马车的轮距标准。

马车又为什么要用这个轮距标准呢？

英国马路辙迹的宽度是4英尺8．5英寸，所以，如果马车用其他轮距，它的轮子很快会在英国的老路上撞坏。

这些辙迹又是从何而来的呢？

是从古罗马人那里来的。因为整个欧洲，包括英国的长途老路都是由罗马人为它的军队所铺设的，而4英尺8.5英寸正是罗马战车的宽度。

任何其他轮宽的战车在这些路上行驶的话，轮子的寿命都不会很长。

可以再问，古罗马人为什么以4英尺8.5英寸这个奇怪的数字为战车的轮距宽度呢？很简单，因为拉车的两匹马臀部之间的宽度就是那么大。

后来，这个故事又有了新发展，说是美国航天飞机燃料箱的两旁有两个火箭推进器，它们的宽度也是4英尺8.5英寸，因为这些推进器造好之后要用火车运送，路上又要通过一些隧道，而这些隧道的宽度只比火车轨道宽一点，因此，火箭助推器的宽度是由铁轨的宽度所决定的。简而言之，古代的马屁股宽度决定了现代最先进的火箭推进器的宽度。如果当年那两匹作标准的马，屁股胖一点或者瘦一点，今天我们的航天飞机就有可能要改变标准。

因此得出这样的结论：路径依赖导致了美国航天飞机火箭助推器的宽度，竟然是两千年前由两匹马臀部的宽度所决定的。

2. 人事工资的路径依赖

薪酬分配是每一位管理者最为关心的问题，同时也是每位员工最为关心的问题。对于一个企业来说，薪酬制度是否科学、合理直接关系到企业的前途与命运。在现实生活中，我们看到有的企业工资、奖金和福利等各种分配形式比例结构不合理，造成企业发的钱不少，但员工的工作热情并没有被真正地激发出来。造成这一现象的原因是企业对人事工资的一种路径依赖，说白了也就是企业墨守成规，不能与时俱进，使薪酬制度不能适应时代发展的要求，薪酬制度逐渐丧失了其功能，影响了企业战略目标的实现。薪酬制度是一个历史的过程，产生、发展和演变有自身的内在规律，企业的薪酬制度设计只有与之相适应，才能实现内有公平性，外有竞争性。

我们的企业在薪酬制度方面一直没有改变的是什么呢？又是什么原因使我们的企业一直没有改变这种“依赖”的状态？

人们一般把薪酬分为两种：物质方面的和非物质方面的（前者称为外在薪酬，后者称为内在薪酬），二者共同构成总体薪酬。物质薪酬包括：激励性（奖金、股权、工资等）与保健性（津贴、福利、保险等）两种；非物质薪酬包括：发展（培训、晋升、环境等）与生活（工作条件、人际关系、假期等）。过去，人们比较重视物质待遇。但时代发展到今天，薪酬管理观念已经发生了很大的变化。其着眼点转移到了人，更加重视人的行为，更加重视非物质性待遇，如岗位的多样化、培训与发展机会、生活质量、个性需求、工作环境和工作条件等。

由此我们不难看出，我们的企业往往提供物质报酬多一些，然而非物质报酬在今天已经成为薪酬战略的重要组成部分，而我们的大多数企业却还没有发现这一点。

现在很多员工的想法仍然是，“只要我努力工作，对公司忠诚，理应获得很好的报酬，并且被继续雇用”。这样的想法让我们看到的却是一些人在单位依然安逸，他们用不着承担较多责任，也毫无压力。问题是，今天的环境变化激烈，已经不允许任何人这样想。表面上看，这种悠闲是一种福利，实际上则造成人的能力降低，使人逐渐落伍、贬值，在市场上失去竞争力，这才是最可怕的一种剥夺。所以说，公司应该让员工薪酬反映公司的现状，调整过去路径依赖的现状，员工才会产生和公司共存共荣的感觉，公司文化才不会和外界脱节。

对于薪酬制度，现在很多企业还忽视了职务消费。所谓职务消费就是指由职务引发的消费。比如请客吃饭，这是由职务的需要引起的。而我国目前还把职务消费纳入会计制度里，要求当事人凭发票实报实销，监督成本太高。国际许多企业现已把职务消费计入薪酬制度，给有消费需求的岗位设立一定金额，打入工资单里，无论够还是不够都由自己调整，这样做就使得这笔专款很有效。所以，国外老总请吃饭，很节省，就是这个原因。

现代薪酬设计除了基本薪资、津贴、加班补助、奖金以及利润分享、股票认购权等直接薪酬，还应包括社会报酬、内在薪酬和精神报酬等。社会报酬包括保健计划、非工作时间的给付以及较宽裕的午餐时间、特定的停车位，甚至动听的头衔，比如一些没有太大权力的经理副职等等。这样员工会产生一种感觉：我的工作很有意义。这时，不论报酬多寡，都非常能够激励他全力以赴地投入工作。

内在薪酬则包括参与决策、承担较大的责任、个人成长的机会以及较大的工作自主权等等。其中，最重要的，是让你的员工有机会成为他想成为的那种人。记住，没有比让一个人能量释放和自我实现更强大的激励了，压力、责任、上升通道也是薪酬，而且是最有价值的！

精神报酬则是一种纯粹精神性，是无形的。它能创造一种归属感、友谊和公平性。当员工感觉充分融入企业中，而且觉得有趣，就是对他最好的回馈。员工也会觉得他的才能受到肯定、发展，而且被公司所运用。

然而，现在我们的一些企业尚未认识到非物质报酬的重要性，更不用说对内在薪酬的重视性了，因此也就造成大量的人才的浪费和企业损失。

根据80/20效率法则，在一个企业中是由20%的人创造了80%的价值，那么这20%的人是公司重点分配的对象。在不同的时代，为企业创造财富的价值主体是不一样的。在农业经济时代，土地和农民成为创造财富的主要源泉；在工业经济时代，货币资本、管理者、工人成为财富增值的主要因素；而在新经济时代，这些因素则发生了很大的变化，企业家、高级经营管理者和知识拥有者，特别是专业技术骨干已经越来越重要。人们常说的80/20效率法则是要引入核心员工与关键员工的概念，从而实现不同职位不同报酬。可是我国企业中仍存在低级职位薪酬水平领先，而高级职位薪酬水平落后的现象。现代薪酬制度的设计目标要从公司战略出发，以能力和工作业绩为导向，为公司赢得竞争优势提供支持，使吸纳、维系和激励优秀员工成为现代人力资源战略性的任务。

随着国际化趋势，企业组织将日益扁平化，高级管理层直接参与人力资源管理，以能力和业绩为核心的薪酬制度占据主流。我国国内企业薪酬制度的革新表现在：身份分类转为职位分类，身份工资转为职位定价；强调关键岗位和核心岗位；出现激励性工资、成就工资和浮动性薪酬。

人力资源管理比财务管理和营销管理要难得多，因为跟人打交道在我们这样一个人情味浓厚的传统社会很容易伤筋动骨。薪酬设计不等同于长工资，如果没有高级管理层参与，不从企业管理的机构本身入手，不触动人的利益是不能从根本上解决吸引、留存、激励人的目的的。而GE公司前总裁韦尔奇早已指出：企业管理的全部秘诀就在于人。调整了人事工资的路径依赖姿态，也就能更好地管理人了，管理好了人，企业自然会朝着更好的方向发展！

3. 任我翱翔

每个人都有自己的习惯，无论它是好的还是坏的，我们都在无意中培养它。于是它成为我们做事的一套默认准则，渐渐地我们发现它变成了我们生活的国王，我们成为一个任它指挥的玩偶。如果这种习惯是好的，我们就能受益终身；如果它是一种坏习惯，我们的生命和精力就会被它慢慢地吞噬，我们也就失去探索和寻求更好方法的欲望，最终沦为习惯的傀儡。有人曾经做过这样一个试验：将5只猴子放在一只笼子里，并在笼子中间吊上一串香蕉，只要有猴子伸手去拿香蕉就用高压水教训所有的猴子，直到没有一只猴子再敢动手。然后用一只新猴子替换出笼子里的一只猴子，新来的猴子不知这里的“规矩”，竟又伸出上肢去拿香蕉，结果触怒了原来在笼子里的4只猴子，于是它们代替人执行惩罚任务，把新来的猴子暴打一顿，直到它服从这里的规矩为止。试验人员如此不断将最初经历过高压水惩戒的猴子换出来，最后笼子里的猴子全是新的，但却没有一只猴子敢再去碰香蕉。

起初，一只猴子出于天生爱吃香蕉的本性伸手去摘香蕉，使另外的猴子也受到了“株连”，它们便不再允许群体中的任何一只猴子碰香蕉，这是合理的。但后来一切物是人非，人和高压水都不再介入，而新换入的猴子们却固守着“不许拿香蕉”的制度不变，这就是新制度经济学中所说的“路径依赖”。

说实在的，“路径依赖”和思想僵化、因循守旧、程式化在一定意义上是同义词。它制约着人们在实际工作中的思维创新、理论创新和实践创新，扼杀了人们在工作上的主观能动性和创造力。不少人在工作中一碰到问题，就寻找“案例”，看看以前、看看别人是如何做的，而自己却从不动脑筋，不做深入的探究，不寻求解决问题的其他新方法和好方法。看看这件事如果前面没人做过，就说不能做；碰碰那件事没有现成的经验，就说不敢做，结果是工作年年干，年年还是老套路、老样子，永远没有新起色，而这些都是“路径依赖”惹的祸。

制度或习惯一旦锁定，很难改变。哪怕引进了新的成员，老成员都会通过言传身教，让新成员接受老的制度或习惯，这种制度会一直影响着他们，并左右他们的选择。在制度变迁中，同样存在这种强化机制，制度变迁会沿着最初的选择进入路径，环环相扣，互为因果，互为促进。习惯一再重复，就会由细线条逐渐变粗，经过不断的自我强化，演变成绳索，并进而演变成束缚自己的铁链，最终将是作茧自缚。所以，思维一旦定型，渐渐就会阻止我们进行新的思考和创新，并产生惰性，失去激情，裹足不前，慢慢退化，直至还原为一种原始状态，听从别人的指挥。

人类行为的95%都是通过习惯性思维做出的。习惯成自然就是潜移默化的结果。你是否已经感到有些不可思议。如果你再不思考，下一个陷入“路径依赖”的人就是你。

我们培养了习惯，习惯再塑造现在的我们。我们把习惯的种子播种在土地中，收获的就是命运。

看完下面的故事，你就会知道你应该选择什么，放弃什么了。

老鹰是世界上寿命最长的鸟类。

当老鹰活到40岁时，它的爪子开始老化，无法有效地抓住猎物；它的喙变得又长又弯，几乎碰到胸膛；它的翅膀变得十分沉重，因为它的羽毛长得又浓又厚，使得飞翔十分吃力。

它的寿命可达70岁，要想长寿，它在40岁时必须做出困难却重要的决定。

它必须很努力地飞到山顶，在悬崖上筑巢。停留在那里，不得飞翔。老鹰首先用它的喙击打岩石，直到喙完全脱落。它再用新长出的喙把指甲一根一根地拔出来，然后静静地等候新的指甲长出来。当新的指甲长出来后，它便把羽毛一根一根地拔掉。5个月以后，新的羽毛长出来了。

老鹰重获新生，可以再飞翔30年！

这个故事是对于勇敢放弃和勇敢新生的精确解释，是对路径依赖的最大反讽。它告诉我们，有时候，想要飞翔，想要重新飞翔，你要付出什么样的代价；或者说，你付出什么样的代价以后，才有可能飞翔，才有可能重新飞翔。所以，我们一定要培养自己一生的好习惯。不做一只笼中任人玩耍的金丝雀，而做一只自由翱翔的山鹰。如果一个人觉得自己的工作没意义，不值得去做，往往做不好。即使做成功，也没有多大的成就感。因为他们觉得不值得做的事情，就不值得做好。因此，对每个人来说都应该做自己喜欢做的事，为喜欢的事业奋斗，才能激发自己的斗志，做成功了才有成就感。

重新选择的成本非常高。知错就改、善莫大焉，打破原来的路径依赖确实需要很大的勇气。一旦发现选择错误，就必须及时跳出来。人不能恋战，不能做无谓的牺牲，不干可干可不干的事情，不做可有可无的人，及早规避路径依赖的风险。

4. 沉没成本

路径依赖类似于物理学中的惯性，事物一旦进入某一路径，就可能对这种路径产生依赖。这是因为，经济生活与物理世界一样，存在着报酬递增和自我强化的机制。这种机制使人们一旦选择走上某一路径，就会在以后的发展中得到不断的自我强化。

路径依赖理论被总结出来之后，人们把它广泛应用在选择和习惯的各个方面。在一定程度上，人们的一切选择都会受到路径依赖的可怕影响，人们过去做出的选择决定了他们现在可能的选择，人们关于习惯的一切理论都可以用路径依赖来解释。

沿着既定的路径，不管是经济、政治，还是个人的选择都可能进入良性循环的轨道，迅速优化；也可能顺着原来错误的路径往下滑，甚至被“锁定”在某种无效率的状态下而导致停滞。而这些选择一旦进入锁定状态，想要脱身就会变得十分困难。

但不管是优化还是锁定，在路径依赖的背后，隐藏的都是人们对利益的考虑。

对组织来说，一种制度形成以后，会形成某种既得利益的压力集团。他们对现存路径有着强烈的要求，他们力求巩固现有制度，阻碍选择新的路径，哪怕新的体制更有效率。

而对个人来说，一旦人们做出某种选择后，在既有的道路中，他们会不断投入各种资源。如果哪天他们发现自己选择的道路不再适合自己、没有价值时，他们会做出新的选择。这时，他们才发现前期的巨大投入可能会因为重新选择而变得不值一文。对任何人来说，这都是一笔很大的损失，经济学上称之为“沉没成本”。

关于“沉没成本”这个概念，我们先举个简单的例子，有句话叫做“行百里者半九十”，前面这90里就是沉没成本，完全成了无用功。一般情况下，沉没成本越大，退出障碍也就越大。比如投资一个项目，完成它可能要1个亿的投资，投入5000万元之后，你开始怀疑这个项目是不是值得，但是如果放弃，已经投入的5000万元就“沉没”了，沉没成本是收不回来的。你买了一张电影票，突然间风雨交加，这时候你就面临着一个重要的选择，如果你放弃看电影，那么买电影票的钱就成了“沉没成木”，而如果你坚持去看电影，那么你就有许多额外的花费，比如打车钱、感冒后买药钱等……

因此，我们可以把“沉没成本”总结为：当一项已经发生的投入，无论如何也无法收回时，这种投入就变成了“沉没成本”。

还有一个例子更为经典，说的是一个老大爷对古董特别痴迷，如果遇到自己喜欢的古董，无论付出多少金钱都要想方设法把它买下来。

有一天，他在街边看到一件向往已久的古代花瓶，于是用高价把它买下来。由于他出来的时候骑着自行车，而且当时离家也不远，所以他把刚买回的这个宝贝花瓶绑在自行车的后座上，高高兴兴地骑车回家。小心翼翼地骑着车回家的老大爷，哪料自行车后胎被马路上的玻璃渣扎破了。他只好推着自行车回家，刚进小区门口，只听“咣当”一声，他的宝贝花瓶从自行车上滑落下来，摔得粉碎。

这位老大爷听到清脆的响声后居然连头也没有回。这时，小区门口的保安对他大声说：“大爷，你的花瓶摔碎了！”老大爷仍然是头也不回地说：“摔碎了吧？听那清脆的声音一定是摔得粉碎，无法挽回了！”

如果换成一般人肯定会气得火冒三丈，对着已经摔得粉碎的花瓶扼腕痛惜，有的说不定半天也难以恢复精神。

每一次选择之后，我们总是要付出行动，而每一次行动我们总是要投入，不管投入的是人力、物力、财力还是时间。在做出下一个选择时，我们不可避免地会考虑到这些前期的投入，不管它还能不能收回，是否真的还有价值。最终这些前期投入会像强力胶一样把我们粘在原来的道路上，无法做出新的选择，而且前期的投入越多，我们越容易死心，我们也因此被它粘得越牢。由此，可以肯定地说，“沉没成本”是路径依赖现象产生的一个主要原因！

定律5 墨菲定律

事情如果有变坏的可能，不管这种可能性有多小，它总会发生。比如你衣袋里有两把钥匙，一把是你房间的，一把是汽车的，如果你现在想拿出车钥匙，会发生什么？是的，你往往是拿出了房间钥匙。

1. 笑对人生

墨菲定律产生于美国。据说事情发生在1949年，一位名叫墨菲的空军上尉工程师，认为他的某位同事是个倒霉蛋，不经意地说了句玩笑话：“如果一件事情有可能被弄糟，让他去做就一定会弄糟。”这句笑话在美国迅速流传，并扩散到世界各地。在流传扩散的过程中，这句笑话逐渐失去它原有的局限性，演变成各种各样的形式，其中一个最通行的形式是：“如果坏事有可能发生，不管这种可能性多么小，它总会发生。”这就是著名的“墨菲定律”。20世纪中叶，正是一个经济飞速发展、科技不断进步、人类真正成为世界主宰的时代。在这个时代，处处弥漫着乐观主义的精神：人类取得了对自然、对疾病以及其他限制的胜利，并将不断扩大优势；我们不但飞上了天空，而且飞向太空。我们能够随心所欲地改造世界的面貌，这一切似乎昭示着：一切问题都是可以解决的。无论是怎样的困难和挑战，我们总能找到一种办法或模式战而胜之。人类虽然越来越聪明，但永远不可能彻底了解世间的万事万物。容易犯错误是人类与生俱来的弱点，不论科技多发达，事故都会发生。而且我们解决问题的手段越高明，面临的麻烦就越严重。所以，面对人类的自身缺陷，我们最好还是想得更周到全面一些，采取多种保险措施，防止偶然发生的人为失误导致的灾难和损失。错误是这个世界的一个部分，与错误共生是人类不得不接受的事实，而且错误并不总是坏事，犯错误往往是成功的垫脚石。因此，要勇于尝试，敢于犯错。关键在于要总结所犯的错误，而不是企图掩盖它。其实，在很多情况下，错误并不是什么坏事，“墨菲定律”一样可以带给我们有益的启示：

（1）最大的错误是不去尝试

错误和错误并不一样，有些可能毁了你，大多数错误不致如此严重。相反，过于相信“犯错是坏事”，会使你孕育创新的机会大为减少，慢慢地堕落为平庸。如果你只是对“正确答案”感兴趣，迷信于“正确答案”，那么你只能永远使用已经取得正确答案的法则、方法和过程，永远不会在你已经获得的答案中有所发现，当然也就会忽视创造性并错过向规则挑战的机会，更可怜的是：正如“墨菲定律”所言，“正确答案”本身就是不可靠的，真理并不是永远都只在少数人的手中。

这是一个有用的教训：我们一直在犯错误，做错的时候比做对的时候要多得多。有许多人因为害怕失败，而错过了许多学习机会。如果你不想因此而遗憾终身的话，那么加强你的“冒险”力量，我们每个人天生都具有这种能力，但必须常常运用，否则就会退化，直至我们变为一个真正的“胆小鬼”。IBM 公司的创始人汤玛斯·华生说“成功之路是使失败率加倍”。

（2）可以犯错，但是不要犯低级错误

我们可以把“犯错误”看成是“获得成功”的成本，并且是合理的和必要的，但最好少一些，毕竟你我皆凡人，经受不起太沉重的打击，没有太多的能力为严重的错误“买单”。但是这并非是说我们就必须缩手缩脚，而是应该善于从错误中学习，吸取经验，为我们以后的道路打好基础，否则我们所犯的错误还有什么样的价值呢？爱迪生经过上万次“错误”，发现了制造电灯的正确方法，相反那个在同一个地方跌倒两次的人却是真正的傻瓜。

（3）把握真正的问题

当错误发生时，人们很容易被一些表面的现象所迷惑，看不到错误的真像，真正的问题也就被掩饰起来了。坦白地说，决定的准确性是没有标准的。因为往往在进行的过程中，会旁生出许多令人料想不到的意外枝节，这就是为什么说“计划赶不上变化”的原因。我们所能做的，就是在把握可知信息的情况下，对各种因素和可能性做出理性的评估和选择。大致的流程是：

①尽量收集资料，找出问题的原因。

②衡量资料的重要性，并找出对付的方法。

③按着正确的方法去做。

④观察事情进行得是否顺利。

(4) 尽量减少中间环节

根据墨菲定律我们可以推出：一个简单的计划或制度不一定是好的，但一个复杂的计划一定是坏的。因为“犯错误”的可能性无处不在，万分之一的可能都足以导致一个错误的发生，这是我们每个人都知道的道理，更何况环节越多，谁又不能不说危险性就越大呢？这一点在军事史上可以得到最好的注解。一支军队的指挥系统越复杂，层次越多，机动性和战斗力越差。叠床架屋，相互牵制的系统之间的争吵和扯皮，推卸责任，严重阻断了信息的传递，并制造大量垃圾信息，是错误和灾难的温床。因此我们不得不对这一点进行防范，记住哲学家的忠告：“简洁即是美。”

自然法则神秘莫测，我们必须保持谦恭的态度。人永远也不可能成为上帝，当你妄自尊大时，“墨菲定律”会叫你知道厉害；相反，如果你承认自己的无知，“墨菲定律”会帮助你做得更好些。

2. 人生无常

你是在等一辆公交车吗？你是否在埋怨平常它们一辆挨着一辆，今天怎么一辆也不见呢？

其实，人生不过是一场墨菲定律。你需要的东西总是在你寻找时不见了，在你不需要时又出现了。而人们又总是不断有着各种需要。

我们常常会不自觉地选择自己不该爱的人，选择自己不该结的婚，选择自己做不来的职业，选择自己达不到的梦想，从而选择了人生的各种困境。

你是否有过这样的经验：爱上某一个人，爱得刻骨铭心，甚至想要付出全部的自己，包括生命（请不要付出你的生命，如果他再也看不到你，你的这些付出还有什么用呢），却发现对方出奇的冷静、沉着，不禁怀疑，他是不是情场老手？还是一贯的爱耍酷？

同样，你也可能有这样的经验，有人对你如痴如醉，你却视若无睹；有人为你嘘寒问暖、呵护备至，你却把他当哈巴狗般呼来唤去。真应了墨菲定律："带伞时天天晴天，不带伞时偏偏下雨；我爱的人不能爱我，我嫁的人非我所爱！"

爱情有时真的让我们不明白我们为什么会这样做，但现实生活中，很多人确实因为相爱而结合，这是令人羡慕而值得祝福的事，可是大多数的结果却是未能如预期般——王子和公主从此过着幸福美满的生活。生活真的不是你我所能预料的，两人由相爱到相弃，其中过程颇耐人寻味。起先因为爱，所以执著、控制、占有、放不下对方；最后却因为束缚、没有空间、失去自由而让爱情窒息。如果爱到可以放下对方，那么彼此都会有些自由、有些空间——对爱情来说，这是极高的境界，也是极大的考验。

佛家说有舍才有得，爱情如此，工作亦是如此。在人生的起跑线上，因工作不停地向前，顾不上理会身边的亲人，总是说一声"我现在很忙"就继续你的漫漫路程；因应酬和朋友相聚的时间比家人还要多。当你累了的时候，蓦然回首，才发现自己已成了"孤家寡人"，你的家人远远地在后面，离你是那么的远……

虽说工作是一个男人的生活重心，不工作又怎能养活一家子的人，但如果没有家人在背后无言地付出，你如何能放心地出门，了却你的后顾之忧，只是这代价未免沉重了些。等你醒悟家人的重要性后，时间已一去不复返；当你付出人生的大半时间和健康的身体，所得到的是错过了和爱人并肩漫步人生的苦与乐；错过了目睹孩子成长过程中最重要的一部分，而这种亲子乐你只有一次机会来体会；你还错过了和身边亲友交流感情的机会；也错过了使自己的身体得到喘息的机会；而这些只不过是你所错过的一小部分而已……

人生无常，我们又为什么一定要等到白发上头的时候，再回头看过去的成与败。诚然，“鱼和熊掌不可兼得”，你得到了事业上的成功，却失去了更多；而这些在我们不经意间，伴随着时间的脚步，慢慢地走远，是任何人都无法用金钱及时间所能弥补的。所以，请放慢你的脚步，把握眼前时机，为时还不晚。把心中的感激和爱告诉你所爱的人，用你的行动表示你对家人的关心，把每天的工作和身边的每一位亲人都放在天秤的两端。等你老了，虽然事业上只是稍有一点成就，但至少你及时享受了人生最大的快乐——和家人、亲友一起度过的美好时光，拥有这些，你还会有什么遗憾？人生本就如此，有得有失，既然我们已经得到了我们最美好的，又何必去计较太多！

3．招聘之难

从“墨菲定律”我们可以推出这样一个道理：优秀的不一定是最好的，不优秀的也不一定是最差的。联系到现在大多数招聘人才，我们会看到一个令人费解的现象：一方面是招聘单位求贤若渴却找不到需要的人才，另一方面是求职者踏破铁鞋难觅一份称心的工作。究竟是企业对人才的要求条件太苛刻，还是人才眼高手低好高骛远？

其实问题出在企业，为什么这样说呢？

（1）对招聘岗位的描述不详尽

许多企业对自己究竟要招聘什么样的人并不十分清楚。同样是招聘人才，如果拿我们的企业与外企相比较，我们就发现国内企业与外企根本差别在于招聘岗位并没有详细的描述，而外企的职位说明书则写得非常详尽。试想，连这样一个基础性工作都没做好，又怎么可能选准人呢？即使是招到一个优秀的人才，又有谁能保证他一定适合我们的企业呢？

（2）企业不顾岗位实际，盲目追求高精尖人才

实际上企业需要的是适用的人才，而不是选一个最优秀的人。只要符合岗位规范（岗位描述）的要求，能胜任工作岗位的需要并具有创新能力，就是适用性人才。学历并不是最重要的选才标准。企业在选拔人才上要重能力而不是重学历，学历在一定程度上反映了一个专业知识上的能力，但不能代表整体素质。而在人才市场上，高学历的人才要价一定比低学历人才高，如果企业唯学历选聘人才，人力成本就会相对增加，况且高学历的人才不一定适合企业招聘岗位的要求。

（3）人才的凑合

工程、财务、人事培训等部门需要的是一些对知识、能力要求较高的岗位，有些企业采取凑合的办法，从社会上随意招聘一些员工或者兼职人员，这必然会影响到工作的质量，对企业长远的发展及高级管理人员的培养是非常不利的，并且最终会影响到企业目标的实现。

（4）不考虑应聘者的个性跟企业文化是否相匹配

同仁堂曾招聘过一个总工程师，但不到一年就离开了。其实这个人无论业务素质还是个人能力，都高于同仁堂的部分干部，但就是过于自负，不把其他人放在眼里。同仁堂的文化是人和文化，可以有不同的意见，但一定要在一种和谐的氛围中提出来，假如不考虑其他团队成员，你有天大的本事也发挥不出来。

所以在招人的时候，确实有很多复杂的因素需要考虑，不是说选一个很完美的人就可以了。

4. 安全警觉

对待墨菲定律，安全管理者存在着两种截然不同的态度：一种是消极的态度，认为既然差错是不可避免的，事故迟早会发生，那么，管理者就难有作为；另一种是积极的态度，认为差错虽不可避免，事故迟早要发生的，那么安全管理者就不能有丝毫放松的思想，要时刻提高警觉，防止事故发生，保证安全。正确的思维方式是后者。它告诉我们：事故是完全可能发生的。因为客观上存在着导致事故的因果链，也就是薄弱环节。科学技术越先进，事故的因果链越长，这也是高科技的致命缺点之一。关于企业的安全管理，根据墨菲定律可得到如下两点启示：

（1）不能忽视小概率危险事件

由于小概率事件在一次实验或活动中发生的可能性很小，因此，就给人们一种错误的理解，即在一次活动中不会发生。与事实相反，正是由于这种错觉，麻痹了人们的安全意识，加大了事故发生的可能性，其结果是事故可能频繁发生。“不怕一万，就怕万一”说的就是这样的道理。譬如，运载火箭每个零件的可靠度均在0.9999以上，即发生故障的可能性均在万分之一以下，可是有时却频繁地出现发射失败，虽然原因是复杂的，但这不能不说明小概率事件也会常发生的客观事实。纵观我们身边无数的大小事故原因，可以得出这样的结论：“认为小概率事件不会发生”是导致侥幸心理和麻痹大意思想的根本原因。墨菲定律正是从强调小概率事件的重要性的角度，明确指出：虽然危险事件发生的概率很小，但在一次实验（或活动）中，仍可能发生，因此，不能忽视，必须引起高度重视。

（2）警钟长鸣

安全管理的目标是杜绝事故的发生，而事故是一种不经常发生和不希望发生的意外事件，这些意外事件发生的概率一般比较小，就是人们所称的小概率事件。由于这些小概率事件在大多数情况下不发生，所以，往往被人们忽视，产生侥幸心理和麻痹大意思想，这恰恰是事故发生的主观原因。墨菲定律告诫人们，安全意识时刻不能放松。要想保证安全，必须从现在做起，从我做起，采取积极的预防方法、手段和措施，消除人们不希望有的和意外的事件。譬如你在街上准备拦一辆车去赴一个时间紧迫的约会，但你会发现街上所有的计程车不是有客就是根本不搭理你，而你不需要计程车的时候，却发现有很多空车在你周围游弋，那司机随时会待你的一扬手戛然而至你面前。你也许有过这样的经验，不经意间打碎了一面镜子，然后，你用笤帚把一地碎渣打扫得干干净净，仔细看过后再打扫一遍，反复几次之后，确信没有了玻璃渣子，但也不敢光着脚走路，直到一段时间后你确定一定没有什么危险的时候，又光脚走起路来，不幸的事情在这个时候发生了，你的脚趾被一粒嵌在拖鞋底上，后来又脱落的玻璃划伤了。这些小些事情和安全管理比较起来只能算是“小巫见大巫”，但通过此不能不引起我们的警觉。

5．犯错并不全是坏事

人们为了避免错误，绞尽脑汁地设计了许多“完美模型”，但任何完美的模型免不了人们可能会犯错误的可能性。事实上，人们已经吃过无数次迷信“完美模型”的大亏：“泰坦尼克”曾被认为是“不可沉没”的；马奇诺防线也被称作“不可逾越”的；在发生核泄漏之前，每个核电站都声称自己的安全系统是“万无一失”的……

虽然错误是我们的影子，但是它并不像我们认为的那样可怕。其实，在很多情况下，错误并不是什么坏事。只不过我们要尊重它，而不是企图掩盖它。

人类还有个难以避免的弱点，就是容易犯错误，永远不犯错误的人是不存在的。

正是因为这两个原因，世界上大大小小的不幸事故、灾难才得以发生。

近半个世纪以来，“墨菲定律”这个幽灵搅得满世界人心神不宁，它提醒我们：我们解决问题的手段越高明，我们将要面临的麻烦就越严重，事故照旧还会发生，永远会发生。

“墨菲定律”忠告人们：面对人类自身的缺陷，我们最好想得更周到、更全面一些，采取多种保险措施，尽量避免偶然发生的人为失误。

许多人都牢记不可在公众场合犯错，结果我们错过了许多学习的机会。

就现实而言，“犯错是坏事”不是没有道理的。我们所生存的世界，有很多事情要求我们不能犯错。想想看，假如你站在马路快车道上或把手放到开水壶里，一定会大吃苦头。此外，工程师设计的桥梁倒塌，股票经纪人让客户血本无归，以及设计广告的人打出的广告反使销售量减少，那么他们的工作都不可能维持太久。

然而，过于相信“犯错是坏事”，会使你孕育创新的机会大大减少。如果你只在意获得正确答案，而不在意能否激发自己的创意，那么你可能会误用取得正确答案的法则、方法和过程。如果你有错的话，就勇于认错吧。一般人不能主动承认自己犯错的原因是认为承认自己错了是件很丢人的事，其实事情并非如此，认错也是学问。如果你知道别人要批评你，不妨在他有机会说出之前，自己先主动地做一番自我批评。这样一来，十有八九他会采取宽容的态度，原谅你的过错。还有可能会出现意想不到的结局。如果你是一位推销人员，那你在售前、售后等服务中一定会碰到各种各样的情况。有的时候，会由于产品本身的问题给用户带来很大的麻烦；有时候会因服务不周或说明含糊而产生误会。这时候你是选择勇敢地承认错误，还是想办法瞒天过海、推卸责任?

俗话说：“王婆卖瓜，自卖自夸”，有些推销员凭借自己的三寸不烂之舌把自己的商品吹得天花乱坠，还洋洋得意地认为这才是一个天才推销员的推销才能。顾客对这样的推销员是很反感的。相反，如果推销员能坦言商品缺陷，更能赢得顾客的好感和信任。经营房地产推销的哈尔默奇先生，有一次承担了一项艰巨的推销工作，因为他要推销的那块土地紧邻一家木材加工厂，电动锯木的噪声使一般人难以忍受，虽然这片地接近火车站，交通便利。哈尔默奇先生想起有一位顾客想买块土地，其价格标准和这块地大体相同，而且这位顾客以前也住在一家工厂附近，整天噪声不绝于耳。于是，哈尔默奇先生拜访了这位顾客。“这块土地处于交通便利地段，比附近的土地价格便宜多了，当然，之所以便宜自有它的原因，就是因它是紧邻一家木材加工厂，噪声比较大。如果您能容忍噪声，那么它的交通地理条件、价格标准均与您希望的非常相符，很适合您购买。”哈尔默奇先生如实地对这块土地做了认真的介绍。不久，这位顾客去现场参观考察，结果非常满意，他对哈尔默奇先生说：“上次你特地提到噪声问题，我还以为噪声一定非常严重，那天我去观察了一天，结果发现那里噪音的程度对我来说根本不算什么，我以前住的那个地方每天来来往往的都是络绎不绝的重型卡车，而这里的噪声一天只有几个小时，所以我很满意。你这人真老实，如果换成别人或许会隐瞒这个缺点，光说好听的，你这么坦诚，我反而放心。”

就这样，哈尔默奇先生顺利地做成了这笔难做的生意。试想，倘若哈尔默奇先生介绍那块土地时仅说其优点，闭口不提其缺点的话，推销成功的可能性又是多大呢?

由此可以看出，做生意并不是一定要有三寸不烂之舌，老老实实说出你的商品的缺点，会使你及你的商品更具魅力。商品推销如此，做其他事情也是一样，勇于认错并不丢面子，勇于说出缺点也不会让你丧失信誉，相反还会得到意想不到结果。

定律6 马太效应

“凡是少的，就连他所有的也要夺过来。凡是多的，还要给他，叫他多多益善。”这就是马太效应。这是个赢家通吃的社会，善用马太效应，赢家就是你。

1. 人生成功的捷径

《新约·马太福音》里有个故事：一个国王远行前，交给三个仆人每人一锭银子，吩咐他们："你们去做生意，等我回来时，再来见我。"国王回来时，第一个仆人说："主人，你交给我的一锭银子，我已赚了10锭。"于是国王奖励他10座城邑。第二个仆人报告说："主人，你给我的一锭银子，我已赚了5锭。"于是国王奖励了他5座城邑。第三个仆人报告说："主人，你给我的一锭银子，我一直包在手巾里存着，我怕丢失，一直没有拿出来。"于是国王命令将第三个仆人的那锭银子收回赏给第一个仆人，并且说："凡是少的，就连他所有的，也要夺过来。凡是多的，我还要再给他，叫他多多益善。"因而这种"贫者愈贫，富者愈富"的现象被称为"马太效应"。无论在生物演化、个人发展还是国家、企业间的竞争中，马太效应都普遍存在。赢家与输家之间，常常从起初的很小差距，发展为"赢家通吃"的结局。

那么，是什么决定了我们最终所处地位的优劣呢？简单说，就是"资源"。资源可以解释为做某事所须具备的某些条件，资源包括金钱、时间以及你所拥有的任何看得见的物质财富；也包括创意、理念、知识、技能以及其他素质；还可表现为人际关系、某种资格或特殊的机遇。其实，马太效应中所谓"强"与"弱"，就是指其可掌握和使用的资源的多与寡。

资源的多寡决定了你究竟是在"马太效应"天秤的哪一边。不幸的是，绝大多数人都是缺乏资源的。这也正是为什么"贫者"越来越多的根源，同时也是马太效应总是令人们感觉沮丧的原因。如果你自己的资源不足，却又非常渴望跻身于"富者"队伍中，那么何不试试下面的方法呢？

(1) 做一个有用的"寄生者"

我们身边有很多的成功人士，细看他们的成功经历，你就会发现在所谓“成功人士”中，真正白手起家、依靠个人奋斗者只是极少数，多数人还是通过服务于大公司、大企业才得以“实现自我”的。换言之，他们可以说是大组织中的“寄生者”。

也许提起“寄生者”，大家在感觉上很不爽。但我们体里很多种“寄生者”对身体不但无害甚至有益。例如我们能消化食物，就是因为寄生在肠道中的菌类将食物分解，转化为人体可以吸收的养分。与其说这些小东西寄生在我们身上，倒不如说我们和这些菌类寄生物之间是一种和谐共生的关系。

如果一个“寄生者”足够“聪明”，它一定会选择做一个有益的“寄生者”而不是相反，因为它靠寄主生存，如果它导致寄主受到损害，它自己也会面临麻烦。做一个毫无用处的吃闲饭者是毫无前途的，如果要成功地“寄生”，就必须对你所寄生的组织有用。你可以是一个得力的员工，也可以是一个至好的管理者，还可以是一个值得信赖、忠诚的合作伙伴。总之，你必须要让寄主明白：允许你“寄生”是值得的，你能为他带来更多的利益和好处，你们之间是互相依赖、共同成长的关系，你是他不可多得的合作伙伴。通过建立这种和谐共生的关系，你就可以不断地积累自己的资源，提高自己成功的筹码。

（2）资源越多，增值越快

先看看金钱。回想一下《圣经》中的寓言，那个用一锭银子换了十锭银子的人，可以想像他是如何高效率地使用这一本钱，并获得高回报的。相反，那个把一锭银子用布包起来唯恐弄丢的人，最终不但没有获得奖赏反而连自己的本钱也双手奉送给获得高回报的人。在两个人中，你会选择哪种投资方法？当然是第一种方法，因为这个人懂得让自己的财富增值，越能使财富增值，成功的机会越大。

时间这个资源有点特别，因为每个人的时间是一定的，你花费时间做这件事，就一定无法再用于其他事。可是观察一下身边的人，老是抱怨“时间不够用”的恰恰是那些做事最少的人，这是怎么回事？问题在于不同的时间利用率。一个做事迅捷、工作效率高的人，即使同时应对几件事也能愉快胜任，而一个行动迟缓的人，也许一天下来连一件事也做不成，区别就在于前者已经养成了良好的习惯，而且掌握了做事的最简捷的方法。而后者，只是学会了拖延，他的事情总是完不成，所以时间也总是不够用。如果你想成功，你就必须学会时间管理，和你身边的成功人士比较一下你就会发现，他们在时间管理方面的经验是你不得不佩服的。

一个人的才能（或者天赋）也是这样。“业精于勤”，美术大师不停地作画，音乐大师每天花费几小时练习，都是为了使自己的才能更出色。不仅艺术家如此，那些工作效率最高、工作质量最好的人，都是在不断努力中使自己的才能得到充分发挥。人的才能不是僵化的、不可改变的，是在磨炼中成长的，只有在实践中我们才会发现自己的不足之处，而克服困难的过程自然也使我们的才能得到相应的提高。

（3）集中优势兵力

把你的金钱、时间、精力、才能等投入到你最有希望和最有把握获胜的事上，并确立自己在这一领域的优势地位。你的每一场胜利都使双方的实力对比发生变化，也会使对方在心理等方面处于劣势地位。这样不断“积小胜为大胜”，你就会感觉到你离成功越来越近了，而你的对手和你的差距也越来越大了。在这个时候，你已经成功地使“马太效应”的天秤倾向你了。

2. 利用马太效应，不做弱小

在对众多行业的比较中，如果有人问哪一行业赚钱最快，十有八九会回答：开饭馆。理由是该行业门槛低，消费无止境，而且利润高，回报快。自古中国就有“民以食为天”的俗语。亲朋好友，家庭聚会，都少不了到饭店“撮一顿”。许多国外回来的朋友说，在中国最幸福的事就是可以大饱口福。餐饮业已成为国内消费需求市场中增长速度最快的行业之一，成为拉动内需的一大亮点。

从事餐饮业的经营者都会明白一个道理：餐饮业也存在马太效应，即生意越好的饭店越能吸引客人，越是预先订座，越让人感到在这里吃或请别人吃饭有面子。人们总是从饭店的客流量来评估它的兴与衰、判断它的存与亡。饭店旺盛的人气是成功的标志。那么吸引回头客的有效原则就是：合理的价格，提供优质的、充满人情味的服务，勇于创新。

餐饮业是资金密集型产业，产品价格与设备的高投入之间的矛盾，决定着餐饮业必然要引入规模经营和品牌的连锁经营方式；必然会缩小餐饮经营面积，建立品牌餐厅，打出金牌菜品，从而达到降低成本，增加收益的效果。

另外，饭店管理现代化是实现饭店餐饮管理现代化的基础和重要手段。管理现代化首先要求采购、生产、加工、工具、设备等管理现代化。如采用计算机管理、网络技术、自动收款机、点菜触摸机、自动扶梯、中央空调等现代化的硬件设备。其次是管理思想和营销手段的现代化，现在还有大部分饭店没有认识到营销的重要性，认为营销应该是企业的玩具，其实不然。时代一直在进步，人们的消费理念也发生了重大的变化。他们已经开始注意时代的前沿，消费的趋势，如果现在饭店的老板再不认识到这一点，将很快在新一轮的餐饮战中被淘汰。如何实现营销手段的现代化呢？如建立先进的经营理念、建立企业识别系统。普遍应用广告、电视、报纸等广告形式，营销策划部门成为饭店餐饮不可缺少的重要部分。在餐饮的制作上，要求注重绿色、健康、营养、平衡膳食。当然，发展“食疗、食补”也是未来餐饮业的发展方向。

春夏秋冬因季节不同吃的食物很有讲究，男士和女士吃不同的食物也有不同的功效。如果有时间和财力再去体会一下宫廷御膳，那就可以沉浸于对历史的研究之中了。但是事实是中餐馆虽然很早就打到了国外，大多依旧是小本经营，没有形成规模化。

麦当劳进入中国没有多长时间，就已经遍地开花。中国的饮食文化博大精深，应该让我们中国的餐饮业在世界遍地开花，让“地球村”的人像我们吃麦当劳一样方便地吃上能“食补、食疗”的中国餐。

从近几年的消费形势我们也不难看出：营养均衡、滋补、合理、科学的膳食，越来越受到食客的欢迎，借鉴西方平衡营养、合理膳食的原理，满足营养均衡需要的菜肴，达到食疗食补的效果，也是使餐饮行业发展“马太效应”的捷径之一。另外，单纯讲究菜肴的形式，而不注意借助美器和修饰，则难以达到尽善尽美的理想效果。西餐的台面整齐、干净和餐饮酒具的排列组合是中餐急需借鉴和学习的。

3. 富者愈富——赢家通吃

马太效应反映了当今社会中普遍存在的一个现象，即赢家通吃。对企业经营发展而言，马太效应告诉我们，要想在某个领域保持优势，就必须在这个领域的市场迅速做大。当你成为某个领域的领头羊的时候，即便投资回报率相同，你也能更轻易地获得比弱小的同行更大的收益。而若没有实力迅速在某个领域做大，就要不停地寻找新的发展领域，才能保证获得较好的回报。这正是一个赢家通吃的时代，富人享有更多资源——金钱、荣誉和地位，而穷人却变得一无所有。你拥有的资源越多，就越有可能获得成功，最终成为赢家。

谁都知道世界第一高峰是珠穆朗玛峰，而且其高度也是妇孺皆知。然而，世界第二高峰又有多少人知道呢？其实，位于印度境内的乔戈里峰仅比珠穆朗玛峰低 237 米，这个差距还不到珠峰高度的3%。但正是由于这个不大的差距，排名世界第二的乔戈里峰除了一些狂热的登山运动员外，再少有人问津。多少专家的实地勘测，多少队员的结队攀登，多少媒体的全程关注，甚至于多少生命的无言终结，目标更多地锁定在了珠穆朗玛峰，而不是乔戈里峰。237 米，比乔戈里峰只高出了那么一点点，也就是凭着那么一点点的“优势”，就把世界第二高峰——乔戈里峰给吃了。生活中，这样的例子不胜枚举。那些“优势”大一些的媒体，把广告费“吞”了几亿或几十亿，而那些没有什么“优势”的媒体，连几十万也吃不着。而数不清的广告还在前者的门口排起了大队，甚至揣满了红包，削尖了脑袋想加个塞儿。这些无不充分体现了店大欺客，客大欺店的残酷现实。

强强联手，强弱和并，都是为了创造规模效应，整合资源，堆积“优势”。因为，在现实生活中，只有第一，没有第二。生活如此，残酷的竞技体育更是这般。但凡比赛，就终要分出胜负，排出座次。

个人事业的发展也是如此。如果有人提问，谁是篮球界的 NO. 1，恐怕多数人都会选择乔丹。然而很少有人仔细思考过这样一个问题：在能力方面，第一的能力会比第十强过几十倍吗？答案不言自明。可是，尽管乔丹的才华没有比其他优秀队员强几十倍，然而他们和乔丹的收入却相差几十倍。这就是“赢家通吃”的残酷现实。

社会学家罗伯特·法兰克教授认为，在“赢家通吃”的社会，游戏规则往往都是赢家所制定的。

微软在互联网时代的垄断地位可以很好地说明这个问题。从 DOS 到 Windows 系统，微软一直掌握着个人电脑操作系统 90% 以上的市场份额，这为它赢得了良好的信誉，积累了巨大的财富。绝大多数硬件、软件开发商都不会另搞一套与微软“不兼容”的产品或系统，因为那无异于自掘坟墓。换句话说，微软可以不必考虑与别人兼容，而别人一定得考虑和微软兼容。而影响力不大的产品，即使性能再优秀，也享受不了这种待遇。网络增值的规律是规模越大，用户越多，产品越具有标准性，所带来的商业机会就越多，收益呈加速增长趋势。

因此，标准化、规模化意味着社会成本的降低、经济效益的提高，这是网络时代中所有厂商追求的一种目标。电子信息业因为行业较新，许多产品规格尚未标准化。谁能建立标准规格或者跟对了赢家的标准，谁就是马太效应的获利者。因而，现在厂商之间的竞争，绝大部分是“标准战”。

在市场上，如果一个企业有能力将自己的产品标准化，并成为市场的主流产品时，该产品的价值就越高，而且使用的人也越多。市场上主流产品的使用价值已大大越过它的物质表现，在许多方面是生产这种产品的人想不到的，这样，即使价格再高也有人愿意买。在这里，价高少买、价低多买的需求规律对信息产品似乎也不起作用了。网络经济条件下的新需求规律是：使用者越多，出价就越高，或者说是“边际收益递增”。

现实生活是残酷的，并不遵从公平原则。那么，一个对生活抱有希望的人，一个想造就一番伟业的人，就不能停留在抱怨上，而是应该直面“赢家通吃”这一残酷现实，增强自身的心理承受能力，促使自己成长，争取有朝一日成为某一领域的 NO. 1。

4. 成功是成功之母

常言道：失败是成功之母。这句话有一定道理，但不是绝对的，它有一定的适用范围，试想一下，如果你屡屡失败，从未品尝过成功的甜头，你还有必胜的信心吗？你还相信失败是成功之母吗？成功有倍增效应，你越成功，你就会越自信，越自信就会使你越容易成功，从这种角度来说，成功是成功之母。

成功与失败也有两极分化的“马太效应”，成功会使你更自信，越能成功；而失败会使人越灰心丧气，离成功越来越远……

拿破仑一生曾打过 100 多次胜仗，胜利使他坚信自己会所向披靡，而且也使敌人闻风丧胆。当然，提倡“成功是成功之母”并不反对人们从失败中学习。“失败是成功之母”对于抗挫折能力强的成年人来说，可能是正确的，但对于心智尚未成熟、意志还很脆弱的中小学生来说，并不那么适用。对中小学生而言，“成功是成功之母”可能更适合他们的发展。成功教育使人走向成功，失败教育使人走向失败。即使是天才，也需要成功的机会来塑造。

成功的教育像无影灯一样，不会给学生心灵上投下阴影，反而会满足他们自我实现的需要，产生良好的情绪体验，成为不断进取的加油站。当一名学生取得成功后，因成功而酿造出的自信心，促使他取得更好的成绩。随着新成绩的取得，心理因素再次得到优化，从而形成了一个不断发展的良性循环，让他获得不断的成功。通过体验成功，学生将产生积极向上的心态，具有了更大的发展潜力，会取得更多的成功。这就是马太效应“富者愈富”对中小学生的教育影响。相反，若采取“贫者愈贫”的教育手段只能使学生越来越不敢面对现实，失败的阴影就会一直缠绕着他们，最终走向彻底的失败。

定律7 帕金森定律

一个不称职的官员，可能有三条出路：一是申请退位，把位子让给能干的人；二是让一位能干的人来协助自己工作；三是任用两个水平比自己更低的人当助手。这第一条路是不想走的，因为那样会丧失许多权力；第二条路则也不能走，因为那个能干的人会成为自己的对手；看来只有第三条路可行。于是，两个平庸的助手分担了他的工作，他自己则高高在上发号施令，他们不会对自己的权力构成威胁。两个助手既然无能，也就上行下效，再为自己找两个更加无能的助手。如此类推，就形成了一个机构臃肿、人浮于事、相互扯皮和效率低下的领导体系。

1. 帕金森定律的内容

帕金森定律还有很多的变化，在现代企业中，比较常见的有以下九个变化了的帕金森定律：

定律一：冗员增加定律

企业冗员增加，劳动生产率相对较低。这种增人减效的现象在企业中相当普遍，其实人员数量的增加与工作量的增加并无关系，主要是由两个动因造成的：一是每个人都希望增加自己的下属而不是对手；二是员工及部门彼此之间为对方制造工作。

定律二：中间派决定定律

中间派在重要会议的“票决制”政策议程中有着举足轻重的作用，以至于在很多企业中都存在中间派决定政策。所谓的中间派是指这样一些人：会议正式开始以前分发的会议资料从未认真看过，对于即将召开的会议内容没有任何的了解，没头没脑不清楚会议议程进行情况而自以为精神矍铄但意志薄弱的人。然而，在企业中为了争取多数，争执双方又不得不费尽心机、用尽手段争取这些平常无所事事的中间派。

定律三：“鸡毛蒜皮”定律

企业主管财务的委员会大部分成员由不了解百万、千万元而只懂得千元的人组成，以至于讨论各种财务议案所花费的时间与所涉及的金额成反比，即涉及金额越大则讨论时间越短，反之则时间越长。只有在涉及金额小到实在不值得一提时，情况才可能反转。

定律四：效率低定律

由于复杂的利益关系，企业中各种决策性委员会越来越多，各种委员会中的非必要成员越来越多，以至于会议开始变质，变得效率低下，不得不在委员会中再设立核心决策委员会或核心决策团体，所有的管理者都无一例外地置身于各种委员会及委员会的会议中，会议往往使他们焦头烂额、关系紧张。

定律五：人事遴选庸才定律

企业管理者费尽心机设计了许多人事遴选的方法，比如笔试、口试、心理测试和行为测试等等。但是，大部分测试是事与愿违、徒劳无功的。遴选条件和遴选方法将遴选者引入歧途，最终不得不依靠偶然性标准遴选。因此很多有才能的人并未进入企业，随之而来的是一些无才无德者，严重阻碍了企业的发展步伐。

定律六：办公场所的豪华程度与事业发展和效率成反比定律

事实上，那些事业处在刚刚起步阶段或事业正蓬勃发展的企业是没有足够的兴趣和时间去设计完美无缺的总部的，只有那些事业处于巅峰并开始走下坡路的企业才更关注办公场所的豪华，认为豪华的办公场所是企业的象征。结果又是什么样呢？豪华的办公场所加重了企业的财务负担，从而加剧了企业灭亡。

定律七：嫉妒症定律

高层主管勤苦而迟钝，中层干部勾心斗角，企业员工丧气而不务正业。嫉妒症可以分为三个阶段：第一阶段，企业的主管无能而又好妒，不但不能胜任本身的工作，又要嫉妒别人的才华，即患上了“庸妒症”；第二阶段，“庸妒症”患者不幸进入或原本就在高层，于是尽一切可能排斥比自己本领高的人，拒绝提升能干的人，其结果是才智者挂冠而去，以至于有些人似乎在进行愚蠢比赛，竞相表现愚蠢；第三阶段，企业仿佛被喷了万能杀虫剂，凡才智者一概不得其门而入，以至于从上到下都是一群缺乏智慧的糊涂虫，企业病入膏肓，其实处于昏厥状态，此时已无药可救。嫉妒症流行的原因在于第三流水准成为政策原则，自鸣得意、自我陶醉、吹毛求疵、嘲笑他人等都是嫉妒症表现。

定律八：退休混乱定律

管理者特别是那些身居高位的管理者，他们工作越优秀，任职时间越长，越难寻得继任者。一些企业，在位者总会设法阻止职位较低者接近自己的职位，以延迟自己退休的时间。“榜样”的力量是无穷的，也因此产生了更多的效仿者，使一些忠心的员工痛心疾首，含恨离开公司。

定律九：生产节约定律

企业更注重生产成本上的节约，甚至到了吹毛求疵的地步，而对那些非生产性的支出则不控制，导致在生产上取得的“节约”不足以抵消在其他方面消耗的增长，使企业的财务出现困境。

当然，这里所提到的这些现象，并不是说企业生产、管理过程中一定会出现，但是从防患于未然的角度看，我们的每个管理者也不能不引以为戒啊！有则改之，无则加勉。

2. 帕金森定律的危害及防止

帕金森定律告诉我们这样一个道理：不称职的行政首长一旦占据领导岗位，庞杂的机构和过多的冗员便不可避免，庸人占据着高位的现象也不可避免，整个行政管理系统就会形成恶性膨胀，陷入难以自拔的泥潭。这样就会在官场中形成类似“牛粪”插在“鲜花”上的现象，鲜花就好比是那些公司中的领导职位，牛粪就是那些公司中平庸的领导者，而这种“牛粪”插在“鲜花”上的危害是极其大的。例如有一个水利局实行银行代发工资两个月后，职工们竟发现多出了34张“嘴”，有34名非水利局职工，却拥有水利局职工的工资账户。后经查实，这多出的34张“嘴”都是水利局干部的亲属，其中21人是水利局副科级以上干部的子女亲属。这其中有含饴弄孙的老人，目不识丁的农妇，甚至还有9名是正在学习的大中专学生。宁夏某县，曾经是以“苦甲天下”而闻名的，但就是在那里，这种帕金森现象十分常见，在该县部分干部违法乱纪，有能力的人才得不到中用，而那些能力平庸的人又大量超编进入行政机构，致使这个重点贫困县吃“皇粮”的人数畸形膨胀。冗员吃空了财政预算和补贴，就连专项资金也被挪用……这种“贫困的腐败”，引发了一连串的咄咄怪事——在这个仅有33万人口的贫困县里，吃“皇粮”者高达1．1万人，全县超编人员高达2800多人。让人匪夷所思的是，在这支超编大军中，有大批“拿俸不上朝”的“挂职干部”，轮流上班的“轮岗干部”，十来岁的“娃娃干部”，四五岁的“学龄前儿童干部”。县烈士陵园只有3座墓碑，但却供养着20名管理人员，难怪有人嘲讽是“20个活人守着3个死人”。机构、人员过多过滥而造成的效率低下，几乎成了一些地方的通病，而少数“懒和尚”当主持而产生的“食客者众”，更成了这些部门的“痼疾”。

那么，“帕金森定律”发生作用的条件有哪些呢？

首先，必须要有一个团体，这个团体必须有其内部运作的活动方式，其中管理占据一定的位置。这样的团体很多，大到各种行政部门；小到只有一个老板和一个雇员的小公司。

其次，寻找助手的领导者本身不具有权力的垄断性，对他而言，权力可能会因为做错某事或者其他的原因而轻易丧失。

第三，这位“领导者”对他的工作来说是不称职的，如果称职就不必寻找助手。

这三个条件缺一不可，缺少任何一项，就意味着“帕金森定律”会失灵。

可见帕金森定律，必须在一个拥有管理职能，不断追求完善的组织中，担负着和自身能力不相匹配的平庸的管理角色，且不具备权力垄断的人群中才起作用。一个拥有绝对权力的人，他不害怕别人攫取权力，因为这是“一人独裁”的公司，平庸的人启用比自己更平庸的人，更平庸的人再启用比自己更平庸的人，一如黄鼠狼下耗子——一窝不如一窝。一个能够承担他的管理角色的人，没有必要找一个助手，也不存在帕金森定律的情况。

帕金森定律并非是老调重弹，缺乏新意，这个定律非常尖锐地暴露出了我们企业管理中的一些问题。假设有一个私营企业主，公司的土地、产权全部属于企业主所有。随着企业规模的不断扩大（这个公司有些名气了），他现在越来越感到在管理上力不从心了。显然，此时需要有人来协助他，于是企业主向媒体发了征聘广告。

应征而来的人络绎不绝，其中有位这样的人才：在美国一所著名的大学读完了 MBA 课程，而且有长达十年的管理经验（姑且不论他为何来这样企业的原因，假设就是自己愿意来这里效力），业绩良好，显然是十分理想的人选。

这个私营企业主会不会聘任他呢?

这个老板可能会飞快地想：公司的土地是我的，所有的产权都是我的，这就意味着这个人来我这里是“无产阶级”，他纯粹是为我打工，干得好我可以继续留他，给他很高的待遇，干得不好我可以辞退他，无论他如何出色和卖力地工作，他都不能坐我的位置，老板永远是我。一番盘算以后，这个高智商、高素质、高能力的人才留了下来。这位老板可以说是完全不受帕金森定律的影响。

接着，这个企业继续发展，企业经营取得重大突破，业务范围扩大了，新的问题层出不穷。这时，高材生由于所学已经过时，又没有很好地“充电”，感到越来越力不从心了。于是，他向各种媒体发出征聘广告，各种人才又络绎不绝涌来。

在这些应聘者中，老板比较看重其中两位：一个是某名牌大学的公共管理专业刚刚毕业的研究生，写了很多的文章，理论功底极为深厚，实践经验却非常匮乏；另一个颇有实干家的手腕和魄力，拥有先进的管理观念和多年操作经验。

老板拿不定主意，叫他选择，这时他盘算开了。最后，他选择了那个刚走出校门的研究生。可见，要想解决帕金森定律的症结，就必须把用人权放在一个公正、公开、平等、科学、合理的用人制度上，不受人为因素的干扰。最需要注意的是，不要将用人权放在一个被招聘者的直接上司手里。

历览古今兴衰事，成败得失在用人。一个单位、一个地方乃至一个国家，兴衰与否，用人是关键。作为一个领导者，不仅要独具慧眼，学会相马，学会赛马，而且还要有用人之胆、容人之量，要敢于启用比自己强的人。只有这样，才有利于人才的脱颖而出，也惟其如此，才能实行用人上的良性循环，走出帕金森定律的怪圈。

定律8 华盛顿合作定律

一个人敷衍了事，两个人互相推诿，三个人则永无成事之日。

1. 华盛顿合作定律的基本成因

华盛顿合作定律也称“旁观者效应”。起因是1964年3月，纽约的克尤公园发生了一起震惊全美的谋杀案。

凌晨3点，一位年轻的酒吧女经理吉娣·格罗维斯在回家途中被温斯顿·莫斯雷刺死。莫斯雷是个事务处理机操作员，两人根本不认识，莫斯雷以前还杀死过另外两名妇女。这场谋杀案受关注的原因是，这次谋杀共用了半个小时的时间（莫斯雷刺中了格罗维斯，离开，几分钟后又折回来再次刺格罗维斯，又离开，最后又回过头来再刺格罗维斯）。这期间，格罗维斯反复尖叫，大声呼救，有38个人听见和看到她被刺的情形，但没有一个人出来保护她，也没有一个人及时给警察打电话。

事后，美国大小媒体同声谴责纽约人的异化与冷漠。可是，生活在这个城市的两位年轻社会心理学家约翰·巴利和比博·拉塔内对这种一概而论的说法甚为不满。他们都觉得，对于证人们的无动于衷，一定有个更好的解释办法。

经过一段时间的周密筹划和精心准备，纽约大学心理学的72名学生参与了一项未经说明的实验。巴利、拉塔内或者一位研究助手会告诉每个参与者，该实验涉及都市大学生个人问题讨论。讨论以2人组、3人组或者6人组的形式进行。为了尽量减少暴露个人问题时的尴尬，他们将各自分配在隔开的工作间里，并通过对讲机通话，轮流按安排好的顺序讲话。这些不知情的参与者被分别告知是在与其他一个人或者两个人或者五个人谈话，但事实上他听到的别人说的任何事情都是录音机上播出来的——第一个说话的声音总是一位男学生，他说出了适应纽约生活和学习的难处，并承认说，在压力的打击下，他经常出现半癫痫的发作状态。到第二轮该他讲话时，他开始变声，而且说话前后不连贯，他结结巴巴，呼吸急促，“老毛病又快要犯了，”开始憋气并呼救，上气不接下气地说，“我快死了……呃呦……救救我……啊呀……发作……”然后，在大喘一阵后，一点声音也没有了。

在以为只有自己和有癫痫病的那个人在谈话的参与者中，有85%人冲出工作间去报告有人发病；但在那些认为还有4个人也听到这些谈话的参与者中，只有31%的人去报告。

巴利和拉塔内现在对克尤公园现象有了令人信服的社会心理学解释，他们把它叫做“旁观者介入紧急事态的社会抑制”，或者更简单地说是“旁观者效应”。他们后来提出，有三种思想过程在支撑着旁观者效应：当着别人的面采取行动的犹豫，除非人们知道帮助或者别的什么行动是合适的；感觉着其他不动的人可能理解这个情形，即不需要做任何事情；最重要的是，“责任的分散”——即一种感觉，由于别的人都知道这个紧急情况，一个人自己得采取行动的责任就减轻了。后来由拉塔内、巴利和其他一些研究者进行的其他一些实验也证明，根据旁观者是否能看见其他的旁观者，是否被别人看见，或者完全知道有其他人，那么，这三种思想过程中的这种或者那种就会起作用。社会学家由此认为责任不清是华盛顿定律产生的最主要原因。

2. 敷衍了事的主要原因

华盛顿合作定律说的是一个人敷衍了事，两个人互相推诿，三个人则永无成事之日。为什么这样说呢？人与人的合作不是力气的简单相加，而是要复杂和微妙得多。试想如果两个人用力的方向相反，会产生什么样的事情呢？两个人互相推动和抵触。对了，就是这个原因一直在阻碍着企业的成长。作用力的方向如果不一致，就必然导致组织能量的耗散。而三个和尚没水喝的故事和一堆螃蟹互相钳制的故事，是力量互相抵消的真实写照。

再仔细想一想，在企业内部又为什么会出现作用力方向不一致呢？责任不清。责任不清，在企业管理中最容易引起摩擦，导致推诿扯皮的现象。例如，制造部经理可能颇有理地抱怨：为了在短期内满足订货的要求，他无法做到既降低成本，又缩短生产周期。销售部经理提出的观点也有道理：如果广告部门没有效率，制造部门不能为销售部门准备质量稳定的产品，研发部门不能提供市场需求的新产品参加竞争，那么他对销售额就不可能负全部责任。而研发经理也会说：市场信息不能及时、准确反馈给我们，广告宣传找不准卖点，销售人员铺货不到位，就不能保证新产品上市的成功。由于责任不清，很难要求他们就各自负责的领域对公司的利润负责，出现了问题，便是各打五十大板，本部门找本部门的问题，而根本的问题——满足顾客需求还是不能有效地解决。

“组织虚设”是出现责任不清的另外一个原因。同一个权力、责任和目标必须是同一组人承担。在组织中看到结构臃肿、效率低下、人浮于事、责任不清、互相推诿的情况出现的时候，你必须先看看是否存在同一件事情有两组人在做，同一个责任有两组人在承担，同一个权力有两组人在使用，这正是出现上述情况的根本原因所在。这些情况我们可以用一个词来表述，这个词就叫“组织虚设”。虚设的组织在企业中大量存在，比如：一个企业有市场部同时又设有营销部；有各个职能部门又专门设一个管理部。结果大家都有责任，都不需要负责任。组织中最可怕的情形就是这个“组织虚设”。若需改变这种状况，首先让每个人都知道该做什么。对一个组织来说，进行详细的职务设计是绝对必要的，只有让每个人都知道自己该做什么，才能遏制“华盛顿合作”现象的发生。在各种各样的职务中，有些职务以团队的方式进行可以取得很好的效果；而另一些职务，让个人单独去做效果会更好。

其次，让每个人知道自己的目标。今天，很多人正面临“期望落差”：许多主管不直接把自己的期望告诉部属，却期待部属自己能够去体会。但部属可以看出你的情绪，可以看懂你的指令，却不可能知道你在想什么。

再者，对于虚设的部门一定要查清并撤销。

最后，结合下面的方案进行，相信一定会达到最佳的效果。

按“兵不在多在于精”的原则进行人员聘用。不过，要注意的是防止进入80/20效率法则的误区。确实存在20%的营销人员完成80%的任务的情况，但是倘若我们真的将其他80%的员工全部解雇，那100%及其80%的任务，将会因为人员能力的难以测量、工作氛围的变化及其“没有绿叶难显红花”的实情而夭折。

组织分工要合理，强调团队协作。其中的关键是认清每个员工的强项，在责、权、利明确的前提下使他们始终都在做自己最擅长的事，并让他们真正地感悟：没有其他同事的协助，做好工作是不可能的。

要提高员工的技能，多给予集体及企业支持，这实际上强调的是要给员工学习、培训、提高和发展的机会，不要因为“任务已经明确，完不成就是员工自己无能”的错误认识，而使得自己在市场投入和管理上成为吝啬的“周扒皮”。如果真的如此，必将使自己的员工及团队出现效率和效益的恶化。

强化绩效考核，健全激励和监管制度，也就是要在薪资、晋升、发展空间及压力施予和对错误的及时处理上刚柔并济，双管齐下。

3. 加强责任心

“责任”两个字，看似平常，其实沉甸甸的它是一个谁也无法回避的命题。江泽民同志曾经说过，“责任重于泰山”。我们每个人不是孤立地生活在这个世界上的，人首先是社会的人，是一切社会关系的总和。因此，我们所做的一切，必须对国家和人民负责，对集体和团队负责，对亲人和朋友负责，乃至对自己负责。

公司的经理总是不停地抱怨老板不授权，自己手中的权力太小，无法对员工进行管理。可是遇到真正麻烦的时候，他们会把问题交给老板，对老板说："这件事我做不下来，你看怎么办?"这些经理不会去想办法解决问题，他拿的薪水比员工多，权力也比员工大，那么问题就应该到他为止，不然老板要你做经理的干什么。可是他们总是把权力与责任分开，权力就是拿的钱多，管的人多，没想过其实权力和责任是对等的，你有多少权力，你就应该负起多少责任。

有些公司，人事和财务工作不好做，因为这两个部门代表公司行使职权，最容易被经理"转手"责任。当你正常过问他们事务的时候，经理会很反感，认为你触犯了他的一亩三分地，挑战了他的权力；可是一碰到员工要加薪、预算被削减这样的事情，他就会说："给你加薪我是非常同意的，可是人家人事部不同意!"、"花这个钱我是赞同的，但是财务部有些意见!"其实决定是他跟职行部门一起研究的，但出现问题的时候他不去与员工沟通，把所有的责任和矛盾推卸到别人头上。

推卸责任的一个潜在心理意识是，看不见自己的问题。"知天知地知彼易，知己难"是我们中国的古训，意思是人可以知道除自己以外的任何事情，就是不可自知，说得真好。所以公司搞培训的时候，大家群情激昂，有如醍醐灌顶，可是一回到实际工作中，该犯的错继续犯。因为培训的时候老师讲的问题他全分析到别人头上去了，所以出了问题自然是别人的责任。企业以牺牲环境为代价得到1块钱的利润，也许我们后代用100块钱的代价也不能弥补。所以国外推行ISO14000（环境管理体系）认证，表面上是一种标准，其实就是企业对保护环境的一种承诺，是企业所应承担的社会责任感。我们的企业自己对社会推卸责任，怎么去要求员工对企业负起责任?

让我们树立起正确的人生观和价值观，做一个有责任心的人，为了人类的文明社会，谱写时代的青春乐章!

4. 让每个人知道目标

太多的故事告诉我们，进行明确的分工是对付“南郭先生”的最好办法，因为明确的分工能使大家轻易地看出谁在敷衍了事，谁在互相推诿。假如你透过显微镜观察一个组织，你会发现它是由成千上万个任务构成的，这些任务可以组合为职务。组织中人们所承担的职务并不是随机确定的，管理层应当对职务进行有意识地设计安排，以反映组织技术的要求以及工作人员的技巧、能力和偏好。只有这样做了，才能充分发挥员工生产的潜力。

今天，很多人正面临“期望落差”。许多主管不直接把自己的期望告诉部属，却期待部属自己能够去体会。但部属可以看出你的情绪，可以看懂你的指令，却不可能知道你在想什么。因此，你最好实际些，每一次交代任务时，记得把你对目标和进度的要求说清楚。

下面是企业管理界一个知名的案例：

某知名管理顾问接到 D 公司王总的求助电话之后，犹豫了很久。王总是他的好友，自然不便推托。但 D 公司的现状确实很棘手，组织结构、管理制度、人力资源、市场营销……问题一大堆。这位顾问心想：“该从何处入手呢？”因为与 D 公司接触过几次，他知道公司决策层的做法还是“摸着石头过河。”于是，老总摸石头，员工们也摸石头，手忙脚乱却摸不着石头。

所以，他提议首先改变操作层面上的混乱状态。于是，他让所有的员工玩一种游戏。首先，把在场的员工分成两组，然后让 A 组的每个成员从一叠扑克牌中选取最好看的两张，请 B 组每人选取两张红桃，并对点数做了明确的要求。最后，两组人员把各自的牌都亮了出来，出现了下面的结果：

A 组：黑桃 2、方块 A、黑桃 8、梅花 Q、红桃 3……

B 组：红桃 A、红桃 K、红桃 Q、红桃 J、红桃 10……

“发现问题了吗?”他问王总。

王总仍然迷惑不解，要求解释。“两组的结果是完全不同的，A 组是一副杂牌，B 组却是一手红桃同花顺。对于 A 组我没有明确的指令，所以 A 组的人都按照各自不同的审美观来选牌。但很显然，他们每个人的做法都是一种个人行为。个人行为与个人行为混合在一起叫什么？只能叫‘乌合之众’。再看看 B 组，清一色的同花顺，这才是组织行为。”

这时，王总轻轻“喔”了一声。他继续说：“你能拿一副杂牌去打败对手的同花顺吗？当然不能。如果公司的管理现状不及时改变的话，恕我直言，恐怕会印证‘以乱攻治者亡’这句哲言。”现在 D 公司处于 A 组的混乱状态，这不是员工的过错，而是管理层有问题。如果一个企业想要得到一副“同花顺”，必须达到两个条件：第一、决策层一定要思路清晰；第二、要给员工发出明确的指令。否则，员工们要么茫然失措，要么自行其是。

定律9 光环效应

由于对一个人的某种品质或特点有清晰的知觉且印象较深刻，这种强烈知觉的品质或特点，就像月亮形成的光环一样，向周围弥漫和扩散，从而掩盖了其他品质或特点，所以就形象地称之为光环效应。

1. 光环效应

所谓“光环效应”，是人们常有的以点盖面、以偏概全的评价倾向，犹如大风前的月晕逐步扩散，形成一个更大的光环，这种效应也称“晕轮效应”。如果认为某人具有某个突出优点，这个人就被积极肯定的光环笼罩，并被赋予更多好感；如果认为某人具有某个突出缺点，这个人就被消极否定的光环笼罩，甚至认为他其他方面都不好。

美国心理学家凯利曾做过一个心理实验：让一位演讲者在某大学两个班级分别做了内容相同的演讲。演讲结束后，甲班学生与其亲密攀谈，而乙班学生对其则冷淡回避。同一个人做同样的演讲，为何效果会如此不同？原来演讲前凯利曾对甲班学生说，演讲者是如何热情可亲，而对乙班学生则说，演讲者是如何不易接近。结果学生们戴着有色眼镜去观察演讲者，演讲者被罩上了不同色彩的光环，学生们看到的都是他们期望看到的。这就是“光环效应”的表现。

一个成熟的管理者，对待身边的员工，首先应以喜悦的心情接纳他们，保持平常心，胸襟坦荡，把握好处理人际关系的“尺度”，给自己和他人留有一个好的定位，真诚地希望对方成为自己的朋友，从而切实防止思维误区的出现。其次，对事前得到的各种信息，需做理性分析，不可偏听偏信，不可轻易下结论，对于同事的工作水平和人品，需要在未来长期的相处中慢慢了解。“尺有所短，寸有所长”，应当学会多看他人的长处，少些对他人的挑剔，多些宽容，一定会带来好的工作效果。再次，一个企业要想真正搞好团结，在于讲原则、讲风格，在于多学习、多通气、多沟通、多协调、多讨论、多理解，从而在思想上互相帮助，工作上互相支持，生活上互相关心，形成和谐健康的人际关系和工作氛围。

可见，“光环效应”是一种认知偏差，不利于人们全面正确地认识他人。这就提醒我们，在真正了解一个人前，切不可太轻信事前得到的信息，更不可凭一时的感觉。

2. 打造品牌的光环

一个企业生产的目的就是为了销售，如果说这个企业的产品不为人知，那么又如何达到自己预期的销售目标呢？罗伯特·戈连比耶夫斯基说“企业革新关键在于价值观重塑”。因此，要想把自己的产品成功地销售出去，首先就要打造一个迷人的光环。

怎样才能打造一个绚丽多彩的光环呢？

首先，必须建立“形象营销”的观念。在市场经济环境下，消费者的消费观念发生了变化，消费者所购买的或者说企业所销售的不仅仅是商品，也包括商品及企业所具有的形象，实际上是以产品为核心的一个系统。为什么会有越来越多的消费者关注品牌，注重品牌厂家所生产的产品呢？原因就是基于此，他们不但需要自己所想购买的物品，更多的是注重这个厂家的光环效应。

企业建立形象之后，可以有以下的效益：

①认同效益：形象升级之后，消费者会认为产品的品质也相对升级，基于连带认同的原理或光环效应，对于企业或组织推出的产品也会予以支持。

②竞争效益：建立形象后的企业，可使自己在同级竞争对手中轻易脱颖而出，获得消费者的青睐。

③缓冲效应：企业一旦维持平日良好的形象，当发生危机时，只要危机处理得当，消费者及媒体基于平日对公司的信任，通常会给予较宽厚的对待，不会落井下石，使公司获得缓冲的机会。

其次，给所有的员工灌输新的竞争意识。企业靠什么竞争，在市场发展的不同阶段，竞争的手段和形式是不同的。一个企业仅有好的产品是不够的，形象营销的生命力就在于，通过为产品打造光环来提高产品及企业的竞争力。适时地进行一些炒作，也是一种竞争和一种打造光环的方法。企业不但要学会通过成功的产品展示自己，也要学会如何宣传自己。简单地说，宣传就是为自己营造一个光环，让人们对你产生更好的印象。人的认识活动有一种“润泽性”，比如一个人品质被认为是好的，他就被一种积极的光环所笼罩，反之，该人就会被赋予不好的品质。人是如此，更不用说用来消费的产品了。

再次，“光环不等于广告”。在打造光环的过程中，一定的广告投入是必要的。但打造光环的途径不只是做广告，营销的每一个环节都是打造光环的过程。光环是通过包括广告在内的各种营销手段、在营销的各个环节中逐步累积而成的综合效应。比如说优质的产品，良好的服务。

最后，要认识到光环效应不是静态的，而是动态的，是可以叠加和放大的。营销过程应该是光环效应累积的过程。企业通过形象营销，可以将产品营销提升为品牌营销，将单项营销发展为系列营销，横向发展的同时也要纵向发展，将产品形象营销提升为企业形象营销，并进而以企业形象营销带动产品营销，最终提升企业的市场竞争力。

3. 恋爱时的“光环效应”

光环效应给爱增添了魅力，给爱增添了诗意，使爱披上玄妙的幻想的轻纱。它使情人眼里出了西施，出了天仙；它助人间产生一对对佳侣。俗语所说的“情人眼里出西施”、“爱屋及乌”就是这个道理。如果没有光环效应，恋爱不戴上光环，不披上一层轻纱，便不会有诗一般的情意绵绵的爱。所谓“月移花影动，疑是玉人来”，把自然景物和周围环境都打上了爱情的烙印。爱情的美妙，在很大程度上是由这光环效应造成的。人类的爱情不是纯动物性的需求，它是在本能的基础上发展、升华起来的高级情感活动，缺乏色彩，过于现实，爱也就会枯燥无味。

人生离不开光环效应，否则就会失去太多的美妙与和谐。因为，现实生活中的人，有哪一个是完美无缺呢？人与人之间，又有谁会事事处处分得那么清？更何况是处于恋爱中的两个情人呢？金无足赤，人无完人；水至清则无鱼，人至察则无徒。不要吹毛求疵，不要挑剔。人要用感情润泽，润泽就由“光环”生。如果过于冷、过于清和过于察，于一般人际关系则无朋友，于男女之间则无爱情。这种人多半感情枯燥，缺少人情味。

事实上，发生在人身上的光环效应是一种主观现象。人对于人和事的某些部分有了一定的认识，那么，对这些部分的认识就会影响到对其他部分的认识，给其他部分蒙上一层已有认识的光环，想避免很不容易，也不可能。处于光环效应下的恋人，在良好的心境下，特别容易发现恋人身上的优点，而对情人产生不可抑制的好感，这些局部的优点，会像月晕一样产生美丽的光环，把情人身上所有的缺点都遮盖了。光环效应实际上是人们对外部世界认识活动中的一种负面效应，它会使你的认识产生偏差，甚至会以丑为美。这种朦胧美会显得不真实，它常常产生于直觉化、情绪化的判断，缺乏周密的观察、理智的思考，因而不可避免地会产生以偏概全的错误。特别危险的是被审美对象容貌的美丽光环迷住了双眼，遮蔽了审美对象灵魂的丑恶。巴尔扎克曾对这种情况做了透辟的描述。他说：“在虔诚的气氛中长大的少女，天真、纯洁，一朝踏入了迷人的爱情世界，便觉得一切都是爱情了。她们徜徉于天国的光明中，而这光明是她们的心灵放射的光辉所及，照耀到她们的爱人，她们把心中如火如荼的热情点染爱人，把自己崇高的思想当作他们的。”于是，恋爱的热浪过后，就有了一部分人悔不当初的痛心疾首，追悔莫及。爱情、婚姻的错误当然不是绝对不能补救，不过从这种全心的感情投入中挣扎出来，必然要付出极大的代价，以致造成心灵上的创伤。

从本质上讲，光环效应是一种“海市蜃楼”，是对美的事物产生的一种虚幻。虚幻很美，虚幻迷人，令人陶醉和神往；虚幻必然，虚幻不可少。然而，虚幻毕竟是虚幻，有朝一日重回到现实生活中必然是一脚踩空跌落深谷。因此，在认识活动中，人要不断调节自己的心态。在人际交往中，尤其在恋爱中，既不可过于挑剔，也应增强点理性的作用，尽可能全面地了解，把握主体，不被光环所蒙蔽。

4. 如何避免光环效应

为了深入地研究“光环效应”所产生的影响，美国心理学家戴恩·伯恩斯坦曾做过这样一项实验。他或他的助手给参加实验的人一些人物照片，这些照片被分为有魅力、无魅力和一般魅力三种，让试验者评定几项与外表无关的特征，如婚姻、职业状况、社会和职业上的幸福等等。结果，几乎在所有特征上，有魅力的人都得到了最高的评价，仅仅因为长得漂亮，就被认为具有所有的美好、积极的品质。这种光环效应在人类的历史上，不知道造成了多少次的认知偏差，给我们带来了多少次不可估量的损失。

那么，产生光环效应的原因是什么呢？“一好皆好，一差都差”，光环效应与我们的知觉的整体性有关。我们在感知一个人的时候，不是孤零零地感知这个人某一方面的特点，而是趋向于从整体来把握感知的对象，人的某一方面的特点被感知之后，我们总是希望从这个特点联系其他相关的特点来形成总体的感觉，比如我们在黑暗里触摸到一件衣服袖口，凭借过去的经验，我们可以联想到衣服的衣领和整体构成，从而顺利地穿上它。但如果局部和整体的联系并不具有必然性，光环效应下的整体感觉就会出错。我们平常所说的“盲人摸象”就是一个生动的例子。我们有时抓住的那个特征并不能反映本质，但我们仍喜欢由个别推之一般，由部分推之整体，必然会犯以偏概全的错误。

光环效应是不是只会产生以偏概全的负面影响呢？其实不然，如果我们在人际交往中能够恰当地利用好光环效应，在重要的场合打扮得漂亮点，给别人留下好印象，那么相信一定会增加我们自身的吸引力，使我们在人际交往过程中如鱼得水，游刃有余。

那么，怎样才能避免光环效应产生的认知偏见呢？

走出光环效应的迷宫，我们应该有主见、戒偏见、听意见。

有主见，是旨在人际认知的过程中，我们应该保持一种理智的态度，排除情感等其他因素的干扰，虽然说第一印象极为重要，但毕竟第一次接触，我们只看到他人的一些表面现象，对于其内在的气质或品德等方面不会有太深入的了解。所以，当发现自己用“有色眼镜”看人时，一定要看清事实，及时纠正自己的惯性思维，加强对自己认知能力的评价，避免“以偏概全”，防止自己陷入“直觉陷阱”、坠入“光环效应”的迷雾。

戒偏见，要求我们对人做全面的分析，有时候即使对方在许多方面表现得令人满意，但在关键的问题上，如人品、思想意识等方面存在缺陷，我们也只能忍痛割爱，对其做出否定性的判断。在我们的头脑中储存着关于各种类型的固定形象。这种固定形象使人们在看他人时，常常会不自觉地按其年龄、性别、职业等，对他们进行归类，并根据已有的关于这类人的固定形象，作为判断其个性特征的依据。比如，工人比较坦率；农民比较朴实；江浙人聪明伶俐，善于随机应变；山东人刚毅正直，能吃苦耐劳。再比如，年轻人总是认为老年人墨守成规，缺乏进取心；老年人往往觉得年轻人举止轻浮，办事不可靠等等。虽然说这种固定形象有利于对他人做概括性的反映，但是，它又是一种简单的认知，常常会造成偏见，阻碍人与人之间正确印象的形成。如果我们对某个人被积极的光环笼罩，就可能难于观察他身上的某些不足，即使觉察到也不容易被谅解。相反，如果某个人被消极的光环笼罩就可能难于发现他身上的某些长处，即使发现也许被忽视。只有横向视野没有纵向视野，只近看，不远看，都会产生感觉和认知上的偏差。因此，在交往中要实事求是、客观公正地对待他人，不带任何先入为主的观念去认识他人，以免形成错觉，特别要注意避免晕轮效应的消极作用，也不能分门别类地、简单地对他人的品行做出过高或过低的判断，而要客观地、全面地了解他人，正确地做出评价，从而形成正确的印象。

听意见，是我们识别光环效应的一个主要方法。俗话说得好，“当局者迷，旁观者清”就是对“光环效应”的最好诠释。但是这时所说的“听意见”并不是一味地盲从，人云亦云，而是要对意见有所取舍，有所保留，做到“善听”，这样我们就可以获得他人智慧的启迪。同时注意不要用“光环”去套别人。我们在认识一个人的时候，如果信息不足，就不应该对他的优点、缺点、人格等因素轻率地下结论。因为你在评价他人的时候，别人也在根据你的判断来评价你，如果你轻率地对某一个人下结论，那么别人也会认为你是一个浮华的、不负责任的人，同样也会对你产生一种轻视的态度。有个关于“心中有佛”的故事就能很好地说明这一点。

有一次苏东坡到金山寺和佛印禅师一起坐禅。坐了一个时辰，苏东坡觉得身心通畅，内外舒坦，便忍不住问佛印：“禅师，你看我坐禅的样子如何?”佛印看了一下苏东坡，点头赞道：“像一尊佛。”佛印随口问苏东坡：“你看我坐姿如何?”苏东坡揶揄地说：“像一堆粪!”

苏东坡回家以后，高兴地告诉苏小妹说：“我今天赢了佛印禅师。”苏小妹不以为然地说：“哥哥，其实今天输的是你。禅师心中有佛，所以才看你如佛；你心中有粪，所以才视禅师如粪。”

苏小妹这一见解，确实有独到之处。心中有佛，才视人如佛，这就是因果关系。在社交活动中，我们更需注意这一点。

任何一个事物都有它的双面作用，“光环效应”也不例外。既然“光环效应”有其不好的一面，就必然有其有利的一面。“害人之心不可有，防人之心不可无”，在防备光环效应副作用的同时，大家也可以利用它的效果来增加自身的吸引力，使自身突出的特点得到交往对象的认可。大家可以采用先入为主的介绍，让对方了解你的优势，以获得肯定为主的评价；也可以在兴趣爱好的相似性方面寻求与对方的共鸣，从而获得对方的亲近感；我们更应注重个人外表与举止风度，给对方良好的直觉印象。要注意塑造自我，开放自我。一个人的形象要由他自己去塑造，你希望成为一个什么样的人，你就会去做类似的事情。既然我们希望自己的形象更加完美，那么我们就一定会在别人有困难时竭尽全力去帮助他；如果自己犯了错误就会尽快向他人诚恳道歉，即使不是自己造成的错误也要向别人说清楚事情的缘由，这样才能避免在别人不知情的情况下妄加猜测。遇到困难时也可以向他人请教，“三人行，必有我师”，每个人都希望帮助别人，但因为心理上的某些原因，并不是每个人都会在别人出现困难的时候及时帮助他人，那么我们为什么不去主动地唤醒他心灵中愿望呢？他人给予我们帮助，也会使自己增加与他人的交流，让别人在交往中充分了解你，建立一个更加美丽的光环，使自己的“光环”更加绚丽。当然也不能忽视了沟通的作用，人们只有经过长时间的、多方面的接触和沟通，对一个人各方面都有一定的了解，才能对他做出正确的评价和判断。

5. 光环效应是一把双刃剑

“光环效应”在带给我们诸多启示的同时，也很容易影响我们正确的认识和判断，它是一把双刃剑，我们要小心使用。

“光环效应”是一种以点盖面、以偏概全的评价倾向，是在人们没有意识到的情况下发生作用的。由于它的作用，一个人的优点或缺点变成光圈被夸大，其他优点或缺点也就隐退到光圈背后视而不见了。甚至只要认为某个人不错，就赋予其一切好的品质，便认为他所使用过的东西、跟他要好的朋友、他的家人都很不错。

我们在与别人交往的过程中，并不总是能够实事求是地评价一个人，而往往是根据我们对别人已有的了解而对别人的其他方面进行推测。我们常从对方具有的某个特性而泛化到其他有关的一系列特性上，从局部信息形成一个完整的印象，即根据最少量的情况对别人做出全面的结论。如果我们已经获得关于这个人的某些方面的好的信息，就更容易认为这个人的其他方面也都不错，从而对这个人形成良好的整体印象，并为他们设计美好的未来。就像月晕一样，从一个中心点而逐渐向外扩散成越来越大的圆圈，因此又称晕轮效应。

环绕地球一周的麦哲伦之所以能够成功地获得西班牙国王卡洛尔罗斯的帮助，据说就是利用了“光环效应”。当时，自哥伦布航海成功以来，许多投机者或骗子为求得资助频频出入王宫。麦哲伦为表明自己与这些人不同，在觐见国王时特地邀请了著名的地理学家路易·帕雷伊洛同往。

帕雷伊洛将地球仪摆在国王面前，历数麦哲伦航海的必要性及种种好处，说服卡洛尔罗斯国王颁发航海许可证。但在麦哲伦等人结束航海后，人们发现他对世界地理的错误认识及他所计算的经度和纬度的诸多偏差。可见，劝说的内容无关紧要，卡洛尔罗斯国王只是因为那是“专家的建议”，就认定帕雷伊洛的劝说值得信赖。

生活中，其实我们都在无意识地、执拗地利用着光环效应。一个作家，一旦出名，以前压在箱子底的稿件全然不愁发表，所有著作都不愁销售。一般说来，外貌的魅力很容易导致光环效应。传说杨贵妃死后，一位老太太拾到了杨贵妃的一只鞋子，她把这只鞋子拿到市场上展示，并索要 1000 文钱以让参观者闻一下，愿意出钱的人竟然络绎不绝，这恐怕应该算是光环效应发挥作用的极致了。但即使是在强调个人意识的今天，光环效应也并不因为人们追求个性化的行动而减弱。青少年追星族就是一个很典型的例子，很多青少年因为喜欢一个歌星或影星而极力地模仿这位歌星，从服装、发型到说话做事的方式，无一不是竭尽全力模仿。一个有名的歌星的演唱会，票价会炒到几百元甚至千元以上，花这么多钱所听到的和看到的实际效果并不比电视里的好，但是许多人还是以能亲自感受一下现场听歌星演唱的氛围而无比自豪。

再者就是权威所产生的“光环效应”，大多数人只要一闻到权威的气息，便会立即放弃自己的主张或信念，转而去迎合权威的说法。知名人士的评价或权威机关的数据会使人不由自主地产生信任感。在我们身边也有很多迷信权威的人，即使觉得没有什么值得借鉴之处或者有许多疑问，只要是权威部门或权威人士的话就会全盘接受。比如：

“国防大学的某著名军事评论家对伊拉克战争形势分析如下……”

“据一流大学某某教授说……”

世界著名影星某某说：“……这款产品享誉全球，请放心使用。”

“据世界公认的最具权威的某某学术杂志称……”

推销员在进行产品推销时往往会说：“著名演员某某也使用我们的产品”等，而这与实际情况并不相符，无形中还会使演员的名誉受损，却也无可奈何。这样的负面效应比比皆是，过分滥用权威会导致侵权、犯罪，对簿公堂之事也是屡见不鲜。

“光环效应”有一定的负面影响，在这种心理作用下，人们很难分辨出善与恶、真与伪，容易被人利用。所以对“光环效应”一定要擦亮眼睛，谨慎对待。

6. 出了名，什么都好办了

可以说，在当今社会，“成名”已经是“成功”的最快捷方式。名声在外的人，会有更多抛头露面的机会，传媒更愿意采访、报道他，商家更愿意邀请他做广告，他也会因此而更加出名。成名可带来多方面的成功，包括金钱、特权、荣誉、地位、影响力、人际关系等，而且只要行之有道，任何人都可以快速成名！这与“光环效应”的应用不无关系。

“现代成名学”创始人博斯丁一手创办的“名声训练法”，自20世纪90年代以来在欧美各国风行一时，许多国际舞台上赫赫有名的大人物，都是援用这套方法而成名的。如美国政坛上声望极高、被公认为历史上最擅长“表演”的总统里根，还有躲过几次性丑闻却仍然安坐其位的克林顿等，都是最具代表性的成功案例。“成名学”的核心论点是：在信息化时代，“名人”是“商品”，“名声”可以带来巨大的商业利益，而且可按照“名声工厂”的标准化模式制造出来，并经由媒体褒贬炒作，在旦夕间起落。如今这项产业已深入社会的各个领域，正深深地影响着我们的思维方式与生活方式。现代名人的名声宛若一具“印钞机”，瞬间就能带来万倍身价。

因此，你必须熟悉整个名声产业的运作流程，各行业间环环相扣的互动关系，尤其须熟悉媒体的发稿程序、新闻取舍标准、谁有权力安排你上镜头接受采访等。借助媒体炒作的机会，你才有可能建立知名度，进一步吸引赞助者，运用更专业的名声训练法及更多的资源，将你推向更大的名声市场，建立更大的知名度。这时你就会发现，只要出了名，办什么事情都会简单得多。因此，个人的品牌和知名度是你走向成功的通行证。

定律10 手表定律

手表定律是指一个人有一只手表时，可以知道现在是几点钟，而当他同时拥有两只手表时，却无法确定现在的准确时间。

1. 目标唯一

我们常常会在假日早上醒来时觉得，今天没有什么重要的事急着做，于是东摸摸、西摸摸，就这样糊里糊涂过了一天，什么事情也没做。

人生中，常有这样的事发生，有些人埋头苦干，却不知所为，到头来发现追求成功的阶梯搭错了地方，却为时已晚。

这样的事情每天都在发生，每天都在继续。就如同我们只有一块手表的时候，我们能准确地判断时间，可当我们有两块手表的时候，我们就会怀疑自己，究竟哪一个时间是准确的？其实，我们的生活如同手表定律一样，当我们拥有太多的目标的时候，就会迷失自己，找不到自己的方向。

知道自己在做什么是最重要的，别人如何看待你的工作、决定、努力、动机或成就，这些都不重要，因为只有我们最清楚自己所作所为的重要性，我们必须依据自己的价值和信念来评估一生的作为。

所以，我们必须确定一个真正的目标，只有把这个目标作为自己所追求的并且执著追求的一件事情。这样，凝聚继续向前的力量，成功离你会越来越近。除非你有确切、固定、清楚的目标，否则你就不会察觉到自身最大的潜能，你将永远是“徘徊的普通人”中的一个，尽管你可以是个“有意义的特殊人物”。

2. 别让你的员工无所适从

一名员工不能由几个领导同时指挥，否则他将不知道应该听从谁的命令。

琳达给医院院长邦德斯打电话要求他立即做出一项新的人事安排。邦德斯从琳达急切的话语中感觉到可能发生了什么事，他让琳达马上过来见他。大约 3 分钟后，琳达来到邦德斯的办公室，递给他一份辞职报告。

“邦德斯，我真的无法妨受，我再也干不下去了，”她开始申述，“在护士科当了三个月的护士长，我简直干不下去了。我怎么能干得了这份工作呢？我有三个上司，每个人都有不同的要求，都要求优先处理他们各自分配给我的任务。要知道，我只是一个普通人，我已经尽最大的努力去适应这份工作，但看来这是不可能的。让我先说件小事吧，请相信我所说的，这只是一件平常的事。像这样的事，每天都在发生。”

“昨天早上 8：00 我在我的办公桌上发现一张安娜（医院的主任护士）留给我的纸条，她告诉我，她上午 10 点钟需要一份订位利用报告，供她下午向董事会做汇报时用。我知道，这样一份报告至少要用一个半小时才能写出来。半个小时后，乔伊斯（琳达的直接主管）走进来问我为什么我的两位护士不在工作岗位上。我告诉她雷诺兹医生（外科主任）从我这要走了她们两位，说是急诊外科手术正缺人手，需要借用一下。我告诉她，我也反对过，但雷诺兹坚持说只能这么办。乔伊斯却让我立即把那两个护士叫回护士科。她还说，一个小时后，她会回来检查我是否把这事办好了！我跟你说，邦德斯院长，这样的事情每天都会发生好几次。难道一家医院就只能这样运作吗？”

对于企业也是这样，两个或两个以上的领导同时对下属发号施令，这不但提高不了企业的工作效率，反而会带来管理的混乱，导致员工无所适从，降低员工的工作效率。

3. 生活的准则——多不如精

手表定律引申到我们的生活中就是多不如精，因为生活中的许多事情并不是越多越好，有时多了反而产生副作用。就如同手表定律所说的一样，当我们只有一只手表的时候，可以知道是几点，拥有两只或两只以上手表的时候却无法确定是几点。两只手表并不能告诉一个人更多的时间，反而会让看表的人失去对准确时间的信心。

当自己体验过太多的疲惫，才知道疲惫的根子只在于贪大求全，才明白了在许多事情上，应该讲究“多不如精”的。比如吃菜，其实每顿有一个合胃口的菜就好，分量也不需要太大，控制在吃完后还想吃上两夹子的程度，是最佳的了。这样才能把你的胃口吊得高高的。你才会好好儿去品味每一口菜。古人说的养生要常保三分饥和寒，可以说是很有见地的。

此外，写文章也是一样。比如字数，最好能少则少。写一篇10000字的文章，比起写一篇1000字的文章来，要多打多少键盘、多耗几多眼神啊。

上网的朋友多半会发现，怎么总能遇上那么多好优秀、好优秀的网友！可是优秀归优秀，你要是一个个都加到你的QQ里去，就会渐渐生出越来越多的歉意和内疚。一个人的精力总是有限的，想想多好的网友你给冷落了，那种心情一定很不好受。

虽说爱美是女人的天性，可是美丽也是要少而精的。你看那百花争妍斗奇，可有哪一种是一年365天地开着的？倒是昙花最懂得这个，那“一现”就已经是永恒了。女孩子能适时的美丽，就已足够。并且每一个女性都是绝对可以做得到在该美丽的时候美得灿烂如花。

快乐也是如此。太多的快乐，是会麻木我们的神经和心灵的。古人说“乐极生悲”，乃是对快乐要少而精的精确诠释。常常，当一个人沉浸在爱情的巨大欢乐里的时候，他的心已在预备着滴血了。倒是痛苦和忧伤，可以大大激活我们感受快乐的神经末梢，让我们能够更好地珍惜并享受每一个快乐的时刻。

最后要说的一点估计也是人们最难以接受的，那就是腰包要少而精。腰包越是鼓胀，越是超出于一个以上，你就得为保护你的腰包和记住每个腰包搁什么地方以及包里有人民币、港币、美金、马克……各多少而耗费越多的精力与心血。所以连一个腰包也没有的人往往更快乐。想想看，我们当中所有拥有自己的腰包并且一个劲地往自己的腰包里塞钱的人，有谁能说他比一个小孩儿更快乐呢?

定律11 皮格马利翁效应

每一个孩子都可能成为非凡的天才，一个孩子能不能成为天才，取决于家长和老师能不能像对待天才一样爱他、期望他和教育他。

1. “雕像”变成“美少女”的故事

在古希腊神话里，皮格马利翁是塞浦路斯的国王，他爱上了自己雕塑的一个少女，并且真诚地期望自己的爱能被接受。这种真挚的爱情和真切的期望感动了爱神阿芙狄罗忒，于是，他给了雕像生命，皮格马利翁的幻想也变成了现实。

故事虽是虚构的，或者说是隐喻性的，但现实中的“皮格马利翁效应”却经常发生。博尔赫斯在《论惠特曼》一文中写道：“一件虚假的事情可能本质上是真实的。”

故事不是指代性的，而是写意性的，具有魔法的特征。

人们从皮格马利翁的故事中总结出了“皮格马利翁效应”，但是对这一效应做出充分解释，并使它广泛应用的是罗森塔尔和他的助手们，因此“皮格马利翁效应”又称“罗森塔尔效应”。

美国著名心理学家罗森塔尔和助手来到一所小学做一项实验：他们声称要进行一个“未来发展趋势测验”，并以赞赏的口吻将一份“最有发展前途者”的名单交给了校长和相关老师，叮嘱他们务必保密，以免影响实验的正确性。

其实他们撒了一个“权威性谎言”，因为名单上的学生根本就是随机挑选出来的。

8 个月后，奇迹出现了。凡是上了名单的学生，成绩都有了较大的进步，且各方面的表现都很优秀。

显然，罗森塔尔的“权威性谎言”发生了作用，因为这个谎言对老师产生了暗示，左右了老师对学生能力的评价；而老师又将自己的这一心理活动通过自己的情感、语言和行为传染给学生，使他们强烈地感受到来自老师的关爱和期望，变得更加自尊、自爱、自信、自强，从而使各方面都得到异乎寻常的进步。

后来，人们把这一现象称为“罗森塔尔现象”。它表明：每一个孩子都可能成为非凡的天才，一个孩子能不能成为天才，取决于家长和老师能不能像对待天才一样爱他、期望他和教育他。

美国心理学家威廉·詹姆斯发现，人类本性中最深刻的渴求就是赞美。教师对学生的赞扬与期待，将对学生的学习、行为乃至成长产生巨大的作用。其实每个人的内心世界都一样，没有一个学生不想得到老师的赞美和期待。

心理学家用这种效应说明，只要热情期待和肯定，就能得到希望的效果。教师应对学生倾注爱心和热情，寄予热切的希望，提出合理的学习目标和要求，应该肯定多于否定。

积极的期望促使人们向好的方向发展，消极的期望则使人向坏的方向发展，人们通常用这样的话语来形象地说明皮格马利翁效应："说你行，你就行；说你不行，你就不行。"

对少年犯罪儿童的研究表明，许多孩子成为少年犯的原因之一，就在于不良期望的影响。他们因为在小时候因偶尔犯过的错误而被贴上了"不良少年"的标签，这种消极的期望引导着孩子们，使他们越来越相信自己就是"不良少年"，最终走向犯罪的深渊。

2. 任何孩子都能成为天才

人人都有爱的需要。冰心曾说:“有了爱便有了一切。”爱能产生伟大的力量。

对于孩子的成长来说,最重要的是教育而不是天赋。孩子成为天才还是庸才,不是决定于天赋的多少,而是决定于出生后五六岁时的教育。农民怎样对待庄稼,决定庄稼的命运。家长怎样对待孩子,决定孩子的命运。不是好孩子需要常识,而是常识使他们变得越来越好;不是坏孩子需要抱怨,而是抱怨使他们变得越来越坏。

一位著名的心理学家到一所学校参观,一位老师问他:“先生,您能不能挑出班上智力超常的学生?”

“当然可以。”专家爽快地答应了。然后自信地用手在学生中指点起来:“你,你,你……”

被点到的孩子眼睛一亮,兴奋之情溢于言表,一下课就飞奔回家告诉父母:“爸爸,妈妈,心理学家说我是神童!”

母亲听完孩子的话后,欣喜若狂。怎么看孩子怎么顺眼,仿佛儿子一下子变成了天才。

从此,这些孩子受到了同学的羡慕,老师的关怀,家长的夸奖。孩子找到了天才的感觉,成绩不断提高,智力水平也飞速地向前发展。

一年后,专家再次访问该学校,问:“那几个孩子的情况怎么样?”

老师回答:“好极了!”接着她又向专家请教道:“先生,我感到很惊讶,你来之前他们都只是普普通通的学生,可经你一指点,一个个都变了。请问你有什么诀窍,能够判断得如此准确?”

专家微笑着说:“没有任何诀窍,随便指指而已。”

老师露出一脸惊讶的表情。

这些天才并不是被挑选出来的，实际上每个孩子都是天才，只是由于某种原因，潜能被自己抑制住了。专家的暗示释放了这种压抑，起到了一种自我暗示的作用。

暗示的作用是无穷的，下面的这个故事能使大家更进一步了解暗示所产生的巨大力量。

有个孩子一直想不通一个问题：为什么他的同桌想考第一，就能轻松地考第一；而自己想考第一，却只考了全班第二十六名呢？

放学回家后，她问她的母亲："妈妈，我是不是非常笨？我觉得我和考第一的那个同学一样听老师的话，一样认真地学习、做作业，可是，为什么我总比他落后很多呢？"

妈妈听了女儿的话，感觉到女儿开始有自尊心了，而这种自尊心正在被学校的排名伤害着。她望着女儿，没有回答，因为她不知道应该如何回答女儿提出的这个问题。

又一次考试后，孩子考了第二十名，而她的同桌还是第一名。回家后，女儿再一次问她母亲同样的问题。她的母亲真的想对她说，人的智力确实有三六九等，考第一的人，脑子就是比一般人的灵。然而这样的回答，难道是孩子真想知道的答案吗？她依然不知道如何回答女儿的这个问题。有几次，她真想重复那几句被成千上万个父母重复了不止上万次的话——

"你实在太调皮了！"

"你怎么这么不听话？"

"你在学习上没有其他人努力。"

"你在学习上还不够勤奋。"

……

然而，像她女儿这样脑袋不够聪明，成绩在班上又不怎么突出的孩子，平时活得还不够辛苦吗？所以她没有这样说，她想为女儿的问题找到一个完美的答案。

女儿小学毕业了，虽然她比过去更加刻苦，但依然没赶上他的同桌，不过与过去相比，她的成绩一直在提高。为了对女儿的进步表示赞赏，她决定带她去看一次大海。就是在那次旅途中，这位母亲回答了女儿的问题。

母亲和女儿坐在沙滩上，她指着前面对女儿说："你看那些在海边争食的鸟儿，当海浪打来的时候，小灰雀总能迅速地起飞，它们拍打两下翅膀就飞入了天空，而海鸥总显得非常笨拙，它们从沙滩飞入天空总要很长时间。然而，真正能飞越大海横过大洋的还是海欧。"

对于大多数孩子来说，他们缺少的不是批评，而是暗示性的赞扬。在学校里，作业做错了被老师批评；在家里玩的时间长了，被家长训斥。在孩子童年的记忆里，令他们记忆深刻的不是家长的批评，而是那些难得赞扬，因为他们已经被批评得疲惫了。而有时通过一些暗示达到赞扬的目的，更能使孩子们充满自信，迈向成功！

3. 不当的责备导致孩子一生失败

"望子成龙"，这是每一位家长的心愿，希望自己的孩子成为国家的栋梁，成为对人民有用的人。可孩子的成长除了具有先天的遗传因素外，还必须进行后天的教育。后天的教育包括学校教育、社会教育和家庭教育，其中家庭教育在孩子的教育中更为重要。

父母责备孩子的方法会影响孩子一生。不当的责骂，会在不知不觉中伤害孩子。譬如当孩子成绩不好时，父母就骂："你真笨哦！猪脑袋！"父母责骂孩子常常带有情绪化的特征，情绪化的责骂原本是想矫正孩子的行为，结果却演变成横眉怒目，大发雷霆的叫骂。控制不住自己的父母，还会以对孩子动粗、体罚或其他足以威吓孩子的处罚方式，作为教养的手段，这样对孩子来说是有害的，并可能激起孩子的仇恨心理。为人父母者，应该学习自我控制，不能将怒气全部发泄在孩子身上。

每个孩子都免不了会犯这样那样的错误——孩子正是在纠正错误的过程中成长起来的。重要的问题不是孩子是否犯错误，而是父母采取何种态度。父母对待孩子的错误所采取的态度，恰如一把犁刀的两面：它可以割破孩子的心，留下永恒的伤疤；也可以从中“掘出生命的新水源”。

对此，美国著名儿童心理学家基诺德把父母责备孩子的伤害性语言归纳为如下十种：

恶言——傻瓜，没用的东西。

侮蔑——你简直是个废物。

责备——你又做错了事，简直坏透了。

压制——住嘴！你怎么可以不听我的话？

强迫——我说不行就不行。

威胁——我和爸爸再也不管你，你想走就走吧！

哀求——我的小少爷，求求你不要这么做好吗？

抱怨——你竟然做出这等事，太让我伤心了。

贿赂——你要是都考满分，暑假带你去旅游。你要是考不好，那就在家里修整花园吧。

讽刺——你可真替爸妈争光啊！居然可以考出 40 分的成绩。

这十种语言及其态度很容易伤害孩子的自尊心，导致家长与孩子关系的紧张，父母必须克制自己的情绪，忌用这类伤害性语言。

不是说父母一定不能责备自己的孩子，而是要尽可能地在不责备孩子的情况下，也能教给他一些必须遵守的规则。这样说的原因如下：

首先，孩子是以自己的父母为榜样待人接物、从事各种各样的活动的。如果父母经常责备孩子，那么以后当孩子和他的朋友们产生矛盾的时候，他也会使用同样的暴力方法来应对。

其次，当孩子因为被责备而感到非常痛苦或感到特别恐惧的时候，他就没有时间对自己的不当行为进行反省了。有时候，他不仅不会对自己的错误行为反省，反而会因为情绪的恶化而强化了他对父母感到恐惧的记忆，从而影响到母子之间正常关系的形成。

第三，如果你试图通过责备孩子来改正他的坏毛病，还会导致今后你每遇到类似的情况，就需要继续不断地用责备或打孩子的方法来解决的后果，这是你意想不到的。相反，如果你通过劝说、诱导的方式使他们自我醒悟，孩子就会对自己的行为进行自我评价，并努力避免不再犯同样的错误。这一现象被称为“道德的内化”。如果你经常责备孩子，对孩子加以控制，你就会妨碍孩子“道德内化”的进程。

最后，如果孩子经常被责备，他对自我的认识就会降低。也就是说，你打孩子的行为会使他产生“因为我是一个坏孩子，所以才经常被责备。反正也好不了了，无所谓了”这样的想法，从而丧失自信心。

基诺德指出，重要的是要多给孩子理解、信任和鼓励。因为缺点、错误给孩子带来了失败的挫折，此时，孩子最需要理解、信任和鼓励，唯有如此，孩子才能走出失败的阴影。

定律12 蝴蝶效应

美国麻省理工学院气象学家洛伦兹(Lorenz)为了预报天气，他用计算机求解仿真地球大气的13个方程式。为了更细致地考察结果，他把一个中间解取出，提高精度再送回。而当他喝了杯咖啡以后回来再看时竟大吃一惊：本来很小的差异，结果却偏离了十万八千里！计算机没有毛病，于是，洛伦兹(Lorenz)认定，他发现了新的现象：对初始值的极端不稳定性，即："混沌"，又称"蝴蝶效应"，亚洲蝴蝶拍拍翅膀，将使美洲几个月后出现比狂风还厉害的龙卷风！

丢失一个钉子，坏了一只蹄铁；

坏了一只蹄铁，折了一匹战马；

折了一匹战马，伤了一位骑士；

伤了一位骑士，输了一场战斗；

输了一场战斗，亡了一个帝国。

1. 蝴蝶效应与天气预报

20 世纪 60 年代初，气象学家爱德华·洛伦兹（Edward Lerenz，麻省理工学院教授，混沌学开创人之一）利用计算机进行“数值天气预报”的试验。在试验过程中他发现，只要输入的资料存在微小的差异，计算的结果就会出现极大的差别，“差之毫里，谬以千里”正是形容这种情况。这说明，“数值天气预报”在一定程度上也具有不可预测性。

基于这个发现和广泛的研究，洛伦兹于 1972 年 12 月 29 日在华盛顿的美国科学发展学会上发表了一篇题为《可预测性：一只在巴西翩翩起舞的蝴蝶可否在德克萨斯州引起龙卷风?》。演说的大意为：一只亚马逊河流热带雨林中的蝴蝶，偶尔扇动几下翅膀，两周后，可能在美国德克萨斯州引起一场龙卷风。原因在于，蝴蝶翅膀的运动，导致其身边的空气系统发生变化，并引起微弱气流的产生，而微弱气流的产生，又会引起连锁反映，最终导致天气系统的极大变化。

洛伦兹的演说给人留下了极其深刻的印象。从此以后，所谓“蝴蝶效应”之说就不胫而走、声名远扬了。有趣的是，在此之后，传媒上就充满了关于“蝴蝶效应”五花八门的报道，它们似乎都通过此事向人们简单地宣布“天气预报是不可能的”。但洛伦兹本人的思想并非如此简单，他的意思是天气预报并不能做到十分的准确。

我们不难发现，有时天气预报真的并不是很准确。比如说，有时天气预报说是雨天，但结果却是一个大晴天；有时天气预报说是晴天，可我们被大雨浇得浑身上下湿淋淋。由此大家是不是会想起那句老话“天有不测风云”。天气急剧变化，预报却未能准确反映出来，这究竟是计算出现问题，还是科学技术存在一定的缺陷?

近年来，随着信息技术的高速发展，以牛顿力学为基础来模拟天气的变化，一般称为“数值天气预报”，已经成为预测天气的一个主流。为了使数值天气预报的结果更加准确，科学家们双管齐下：一方面深入研究大气微妙复杂的变化，例如台风的内部结构，雷暴的生成消失过程等，务必精益求精；另一方面加强气象观测，例如增加气象观测点，发展卫星、雷达等高科技监测技术等，从而获得更多、更全面的气象资料。

然而，由于气候变化是十分复杂的，所以在预测天气时，输入的初始条件不可能包含所有的影响因素，通常是忽略次要因素，保留主要因素的简化方法，而那些被忽略的次要因素却可能对预报结果产生重大影响，导致错误的结论。

2. 相近的初值，天地之区别

蝴蝶效应是混沌理论的一个例子，它说明的不只是小问题会引起大错误，因为在现实生活中，万物都在运动，得克萨斯的天气并不是只由一只蝴蝶决定的。就像一位混沌学家说的：It's not the chances that matter, it's the pattern. 一只蝴蝶是可以改变很多，但那是在除了这只蝴蝶其他万物都不运动的前提下。万物都在运动，某一个运动并不能决定未来，而是群体在概率学角度上的总体运动趋势，或者说总体运动方式，才是决定未来的因素。当这个群体的数量越大，该群体就越会具有某种有规律的总体运动趋势。群体中的每个个体的运动方式并不一样，毫无规律，而且不会对未来产生影响，但是各个个体的运动合起来成了群体运动，群体运动的方式是可以有规律的，因此他们对未来的影响也就有可能预见了。同样，人们总是觉得在自己的一生中，某一个关键的事件上如果自己当初的决定不同，自己现在的人生也就会不同。但是人的总体命运，也就是说是幸福还是悲惨，是成功还是平庸等等，并不是由某一件具体事件决定的。人生中可以说有无数个事件，每一个事件都会对将来的人生产生重大影响，但是把每个事件的影响都联合起来，最终影响你的人生的并不是某一个具体事件，而是在这无数事件中，你的所有决定的总体趋势是怎样，也就是说，你的这些决定，是积极向上的多呢，还是颓废的多？某一个决定并不重要，重要的是你大大小小所有决定，是朝着哪个方向？这也就是所谓的“机遇垂青有准备的人”的意思，因为有准备的人，他们的大部分人生决定，都是朝着积极向上的方向。人生中仍然还是有偶然性的，仍然有可能因为某件事的决定不同，如愿地改变未来，即使这样的可能性是那么的小，我们也还是应该一试。

3. 成败源于细节

A 在一家大型外贸公司当部门经理。2003 年下半年，本地一所高校的几个外贸专业毕业生来公司实习。实习结束时，请示总经理后，A 把一个姓王的同学留了下来。A 为什么独独把他留下来呢？原来，这个小伙子几个特别的细节之处打动了 A 的心。

正式实习的那一天，A 向同学们介绍部门的成员和同学们的分工。其中老陈是公司的老业务员，年龄偏大。其他同学都跟着员工喊他“老陈”，而小王一直很尊敬地称他“陈老师”。还有小王不像其他同学那样无所事事，他主动见事做事，跟着同事跑银行和商检交单，到海关报验，即使在大热天乘公共汽车去也毫无怨言。他说：“我多跑一个地方，哪怕只是一个简单的交接单的过程，也会让我熟悉这个工作的环节。出了差错，请示老师后，现场改正也是一种学习的机会。”

有好几次，老陈接国际长途，小王就默默地坐在一边“旁听”，细心地揣摩他如何同外商交谈。有时则悄悄地给老陈递一支笔，或续上水，或记录一些数据。这些细小之处，既给老陈带来了工作上的便利，也表现出新人对“前辈”的尊。这些细节 A

看在眼里，就对小王产生了好感。

小王一毕业，A 就委托公司人事部为他办好了手续，从而使他顺利地完成了实习—毕业—求职的“三级跳”。

这就是细节的魅力。一位管理学大师说过，现在的竞争，就是细节的竞争。细节影响品质，细节体现品位，细节显示差异，细节决定成败。在这个讲求精细化的时代，细节往往能反映你的专业水准，突出你内在的素质。灿烂星河是因无数星星汇聚，伟业丰功也是由琐事小事积累，让我们不吝从小事做起，把小事做精，把细节做亮！细节也能成就一个人的成功。

“魔鬼存在于细节中”，任何一个战略决策和规章法案，都要想到细节，重视细节。任何对细节的忽视，都可能导致决策失误。美国电信决策失误，导致宽带网进入居民家庭缓慢，就是一个例子。

美国是全球因特网革命的领导者，但宽带目前在居民家庭中的普及率并不高。据统计，在韩国，近 2/3 的家庭拥有宽带接口，而且宽带网的平均速度达到每秒 3 兆，是绝大多数美国宽带系统的 2 倍左右；在日本，有 40% 左右的家庭在 2003 年底也已采用宽带上网，速度快到每秒 12 兆。而在美国，接入宽带的用户只有 15%，而且宽带网的速度也比韩国慢一半，绝大多数因特网用户仍在拨号上网，无法享受资讯革命带来的成果。

造成美国在宽带上发展缓慢的原因并不在于基础设施不健全。其实，美国有 80% ~90% 的人口都已经在宽带接入的覆盖范围之内，只是宽带接入却在即将进入用户的所谓“最后一英里”阶段碰到了障碍。这虽有经济、技术等方面的因素，更重要的在于决策的失误。

美国以 1996 年颁布的新《电信法》为基础的宽带政策规定：美国各地方电话公司必须将其网路拿出来供宽带运营商共用，意在通过这样的管制，鼓励 DSL（数位用户线）等采用电话交换系统参与宽带业务领域的竞争，以大大降低“最后一英里”的连接费用。然而，这一政策忽视了一些细节问题，成为阻碍宽带网入户的重要原因。

在几年前，网络建设过热，美国曾出现“跑马圈地”的宽带建设热潮。出于对电信容量将迎来爆炸式增长的期待，电信业投资旺盛，然而宽带业务却一直未能形成足够的需求，结果导致电信能力过剩。电信业入不敷出，无法收回投资，日子很不好过，世通、环球电讯等电信巨头申请破产。

受政策上“最后一英里”障碍的限制，大量闲置的宽带主干网络未能接入用户家庭。因为与窄因特网不同，宽带入户需要更多的设备建设投资。美国各地方电话公司出于自身利益考虑，不愿意花钱铺设线路而让他人坐享其成，而参与竞争的宽带网运营商因网络泡沫破灭，本来就自身难保，无力投入巨额资金。此外，宽带政策中的混乱与不统一，也影响着宽带最大限度地进入居民用户，如对于以有线电视方式提供宽带服务的运营商，就不要求其与竞争对手分享网络设施；而整个宽带业务行业与影视娱乐业等内容供应商之间也存在矛盾，互相制约。

正是这种决策上的失误，导致了美国宽带业务发展缓慢。

事实表明，越是复杂的行当，政策法规就越是要求包括细节。另外，越是走向法制社会，包含明确细节规范的法规政策就越是重要。例如，2004 年刚颁布实施的《物业管理条例》，本来是要维护业主利益的，但是由于在法规中对一些细节注意得不够，使得该条例执行起来几乎成为不可能，导致了法规失去它应该有的作用和效益。而这种决策方面的缺失，最主要的原因是在决策过程中工作没有做细，缺乏准确的数据作为科学决策的依据。所以，在决策中把工作做细，非常重要。

当初中国从日本进口缝衣针的时候，好多人都感惊诧：一个针还要买日本人的？看到了日本针才发现，我们常用的针是圆孔，而日本的针是长条孔，这是为照顾老人们眼花而设计的。

上海内环高架桥不允许 1 吨以上的小货车上桥，一个月以后，0. 9 吨的日本小货车就在上海接受订单了。

这些都说明了日本的企业十分注重细节。在实际操作中，要做到这些是不容易的，因为只有生产部、物料部、采购部、研发部、制造部通力协作，才能将这件事做好。但是如果你在决策和设计的过程中，根本就没有考虑过，恐怕你连操作的余地都没有了。

4. 万分之一的细节决定成败

俗话说：“三分技术，七分管理。”企业亏损无不与管理者有直接的关系，但管理所涉及的问题又是多方面的，或许有很多人都没有想到过这样一个细节会让一个公司扭亏为盈，这个细节是什么呢？就是椅背的问题。

克罗克是美国著名的大企业家，被企业界誉为没有国界的“麦克唐纳帝国”的国王，他工作中常有60%的时间在“走动管理”，一旦发现问题，立即着手加以解决，收效甚佳。有段时间，麦克唐纳公司出现严重亏损，克罗克发现其中一个重要原因是公司各职能部门的经理们官僚主义比较严重，很多人习惯于靠在舒适的椅背上指手画脚，把许多宝贵的时间耗费在抽烟的闲聊上。于是，克罗克想出一个“绝招”，将部门所有经理的椅背锯掉。开始，大家都骂他是“疯子”，不久，许多人悟出了克罗克的一番苦心，纷纷深入基层，了解情况，解决问题，以他们的规范行为带动和影响职工齐心协力工作，很快使公司扭亏为盈。

克罗克能在诸多因素中找出企业亏损的主要症结，确实令人折服，与此同时，更为克罗克锯椅背的“绝招”叫好。他锯椅背，看起来做法比较简单粗暴，但不可否认，至少锯出了三点好处：一是锯掉了各部门经理官僚主义的坏作风。可以想像，一个大型企业，各部门的头头整天满足一杯茶、一支烟、拉哈闲聊混钟点，怎么能了解下情，掌握实情，他把椅背这么一锯，谁还好意思在办公室里扯闲混日子。二是锯出了企业管理者深入基层的好作风。锯掉了椅背，使一大批企业管理者如梦初醒，由浮在上面指手画脚变为深入基层现场指挥，如果不是克罗克采用锯椅背这一激将法，他手下的这批大将怎么会意识到自己工作的不足。三是锯出了企业奋进向上的凝聚力。榜样的力量是无穷的，经理们纷纷深入基层，对职工是一个很大的触动，大大激发了职工齐心合力于工作的热情，进一步增强了企业的凝聚力和向心力。

目前，我国许多企业不仅要求各级领导干部，各个企业和管理者，深入基层、深入实际了解情况，更需要走出去，到市场经济中去摸信息，探行情，使思想作风、工作思路、经济决策适应瞬息万变的市场形势，如果还是凭老经验、老思路、想当然办事或坐在办公室里搞遥控指挥，不重视“椅背”这一细节，即使得到一些信息，也只能是别人的“残汤剩饭”，对那些预测性强、经济价值高的好信息和一些好机遇也在眼皮底下悄悄地溜掉，这就难免不出现决策失误。看似没有任何“错误”的“椅背”，却关系到一个企业的成败，企业的成长离不开这样的细节，而重视这一细节的做法对于那些躺在椅背上管理和决策的领导者不失为一个难得的借鉴。

定律 13 羊群效应

市场上存在那些没有形成自己的预期或没有获得一手信息的投资者，他们将根据其他投资者的行为来改变自己的行为。理论上羊群效应会加剧市场波动，并成为领头羊行为能否成功的关键。

1. 人云亦云的羊群效应

人们喜欢扎堆，喜欢凑热闹，人云亦云。这种习性千古亦然，从来没有改变过。

从20世纪90年代初投机海南炒地皮，到中期抢购股票，再到2001年网络泡沫的破灭，可以清楚看到：在群情汹涌的市场气氛下，获利的是领头羊，其余跟从者都成为牺牲者。大部分的群众都没有雪亮的眼睛去辨别哪些是假象，哪些是真实，只能成为大批的尾随羊群。

在现实生活中我们也会遇到这样的问题。当我们买东西之前经常听听别人的建议，当然会有利于你选购更满意的产品，但如果是人云亦云，忽略了自己的真正需求和习惯，就不是什么好事了。对于投资者更是如此。

我国投资者在过去每每受套于利好，受套于暴涨，其中原因，除了政策信息的不对称之外，投资理念的不成熟是一个重要因素。一些自以为是的技术分析，投其所好地将基于个别案例的逃顶抄底经验冒充为普遍真理，对缺乏理性的投资者起到了误导作用。

投资者吃一堑长一智，正在变得比较聪明起来，他们对人对事不再人云亦云，而是保持一定的克制，适当的谨慎，必要的怀疑。但不能不看到，对于散户投资者来说，由于政策面的朦胧，他们在得益于合理怀疑的同时也面临难以释疑解惑的痛苦。谁也不能否认股市人心思涨是一个基本事实，但是投资者如果一味患得患失，该出手时不出手，也有可能坐失良机。就此而言，羊群效应虽有弱化趋势，但真正告别羊群效应亦非易事，它不仅取决于投资者的理性，也需要政策明朗和信息透明条件下市场环境的稳定和行情发展的健康。

2. 盲目的终结者——领头羊

法国科学家法布尔曾做过一个著名的“毛毛虫”试验。这种毛毛虫有一种“跟随者”的习性，总是盲目地跟随着前面的毛毛虫走。法布尔把若干个毛毛虫放在一个花盆的边缘上，首尾相接，围成一圈，并在花盆周围不到 20 厘米的地方撒了一些毛毛虫最爱吃的松针。毛毛虫开始一个跟着一个，绕着花盆一圈一圈地走。一小时过去了，一天过去了，毛毛虫们还是不停地坚忍地团团转。一连走了七天七夜，它们终于因为饥饿和精疲力竭而死去。

商场上有这样的说法：同样的一桩生意，第一个做的是天才，第二个做的庸才，第三个做的就是蠢才，第四个做的就要入棺材了。由此可见跟随者的悲惨结局。

许多中小投资者操作失败的原因就是他们也作为一个跟随者。他们跟随市场主力资金的追涨杀跌行为，无不是由于盲目追求财富而造成的。一有风吹草动，就蜂拥而至，如果风声鹤唳，就一哄而散。羊群效应的盲目性，既容易被利用，又不容易得到保护和引导。

所以说，如果一个人想摆脱这种盲目的跟随者的被动局面，就必须保持自己的个性，拥有自己独立的判断，做一只领头羊。一个好的领头羊，不但对社会经济有一种良好的导向作用，而且能够积极地带动“羊群”，对他们因势利导，产生更多的经济效益。

不盲从、不做毫无个性的跟随者，最重要的就是要有自己的创意。创意是一个人生命活力的激发，也是领头羊区别于羊群的最显著的标志。

你走什么样的路是由你是什么样的人所决定的。作为一个跟在别人屁股后面的亦步亦趋者，总不会逃脱被吃掉或淘汰的厄运。只有走不寻常的路才是领头羊脱颖而出的捷径，对个人来说是如此，对于一个企业来说更是如此。前几年，有无数的公司都将大把大把的钱砸进 IT 行业，大家一窝蜂地往里挤，争着做跟随者。可结局是什么呢？在这次网络泡沫中，无数的公司被淹没了，最后存活下来的也不过寥寥数家而已，那些被泡沫所淹没的公司在泡沫过后甚至连一粒残渣都没有留下。这些事实再一次说明了作为一个没有创意的跟随者的悲哀结局。

因此，不管是给别人的企业打工，还是自主创业，保持创新意识对一个人来说非常重要的。对于一个拥有创新意识而又能掌握领先要诀的领头羊，他的前途一定是光明的。

3. 承认你是“与众不同”的

我们生活在一个民主自由的国家，我们每个人都有这种权利，但许多人却不懂得运用。不要盲从，当你的意见与大部分人不同时，可能会有人站出来批评你。但是一个思想成熟的人并不会因为别人皱眉就感到不安，也不会为了争取少数人的赞许而出卖自己。

支持你自己。你必须成为自己最好的朋友。你不能老是依赖他人——即使他是个大好人，他也必须照顾自己的利益，而且他内心也一定有些问题困扰他。只有你充分支持自己，并加强你的信心，才能使你在人群中保持独特的风格。

不要害怕恶人。几乎所有的人都在正正当当地做事——只要你给他们一个公平的机会。然而还是有些所谓的“恶人”，有时会用一些不正当的手段争名夺利；有些人利用别人的自卑感，以漂亮的空话治理人群或恫吓竞争者。你要学习应付讥笑与怒骂，坚守自己的权益，大大方方地表达你的信仰与感觉。记住，恶人的内心深处其实也很空虚，他的攻击只是防卫性的掩护而已。

想像你的成就。有时你会觉得心情不好，或者跟某些人相处不来，觉得自己像个外人，不要沮丧。这种情形任何人都会遭遇到。只要你想像出更快乐的时刻，使你感到更自由、更活泼，那就能够恢复信心。如果你的头脑中无法立即浮现这些情景，请你继续努力，它值得你继续努力的。

生活中并没有两旁摆满玫瑰花通往写着“成功”大门的这种通道。生活是一种起伏不定的挣扎与奋斗。

前世界重量级拳王乔路易，小时候在美国南方尝到了贫穷的滋味。伟大的政治家艾尔·史密斯也是从贫民窟奋斗出来的，最后终于获得权力与荣耀。杰出的黑人投手派吉在棒球尚是一种种族隔离的运动时，默默无闻地渡过了很多年的痛苦岁月。才能卓越的电视名艺人吉·格里森小时候的生活十分困苦。另外一个电视明星狄克·范·戴克也曾度过一段不名一文的日子。还有很多人也是经过艰苦奋斗，最后终于做成大事的。可贵的是在奋斗过程中，他们都能维持自己的特点。

还有谁能够像杜鲁门总统那样面对批评而安然自处的吗？他拒绝妥协，坚持自己的理想，不理会批评者对他的攻击。报纸侮辱他的能力，甚至连政治家也怀疑他，但他没有因为“羊群”效应而跟随他们的意见，仍然对自己保持信心。杜鲁门这种“坚强的个人特点”，所面临最大的考验就是他和杜威竞选总统，结果他获胜了。虽然民意测验以及报纸皆预测他无法获胜，但他仍然坚持他一定会获胜的信心。在开票之初，他落后杜威甚多，甚至有些报纸已经宣布杜威获胜，但杜鲁门仍然镇静地上床睡觉，第二天起床时，发现自己已经获胜时，他甚至一点儿也不感到意外。

承认自己的“于众不同”，不做跟随者或盲从者，因为每一个人在这个世界上都是独一无二的。

定律14 彼得原理

在一个等级制度中，每个职工趋向于上升到他所不能胜任的地位。彼得指出，每一个职工由于在原有职位上工作成绩好，就将被提升到更高一级职位；其后，如果继续胜任则将被一个不能胜任其工作的职工所占据。层级组织的工作任务多半是由尚未达到不胜任阶层的员工完成的。每一个职位最终都将达到彼得高地，在该处他的提升商数为零。至于如何加速提升到这个高地，有两种方法。其一是上面的“拉动”，即依靠裙带关系和熟人等从上面拉；其二是自我的“推动”，即自我训练和进步等，而前者是被普遍采用的。

1. 层级组织学的基本理论

“层级组织”（hierarchy）一词起初用于形容教会的阶级制度。现在该词的意义已经延伸，包括任何具有等级制度的组织。

尽管“层级组织学（hierarchiology）”是一门社会科学，也只是一门新兴的学科，然而它却能普遍应用于公共或私人企业的管理上。因此，在分析时必须采用客观的标准，而不能使用充满感情的字眼，诸如“游荡者”、“寄生虫”、“欺蒙”、“癌细胞”等。尽管如此，探讨不胜任者心态是个值得思考的问题。因此彼得原理，是透过观察外在的明显行为，而不是臆测或推断别人心中的想法而得来的。

原理是解开所有阶层制度之谜的钥匙，因此也是了解整个文明结构的关键所在。有些特立独行的人试图避免掷入层级组织里，但凡是置身于商业、工业、政治、行政、军事、宗教、教育各界的每个人都和层级组织息息相关，亦即所有的人都受彼德原理的控制。

可以肯定的是，其中许多人可能获得一两次的晋升——从某个能胜任的阶层晋升到仍可胜任的更高阶层。但新职位能胜任将使人有资格再度晋升。于是每个人——包括你和我——最后将由能胜任的阶层晋升到不胜任的阶层。

所以，假使时间足够——同时假使层级组织里有足够的阶层——每个员工终将晋升到自己的不胜任阶层，并从此停滞不再前进。

因此，彼得原理的推论结果是：

每个职位终将由不能尽责的不胜任员工所占据。

2. 彼得原理：人性的弱点

工作上的不胜任随处可见，你注意到了吗？

在不少国家我们可以看到优柔寡断的政客装腔作势，俨然像是果决刚毅的政治家；自命消息可靠的权威人士，到头来将过错归咎于情况的难以掌握；懒散而傲慢的公务员不计其数；甚至在大学校园里，我们也能见到文告由拙于沟通的行政人员拟稿；而一些单调、乏味的课程，则由声音不清、表达能力缺乏的老师主讲。

鉴于不胜任普遍存在于行政、法律、教育和企业各界，假设其原因乃是由某些人事安置上的固有成规所导致的。

以下是一个典型的案例：

米尼恩是艾克西尔市公共工程部的维修领班，他为人亲切和气，因而深获市政府高级官员的赏识和称赞。

一名工程部的监工说："我喜欢米尼恩，因为他有判断力，又总是愉悦开朗的样子。"

米尼恩的这种性格恰好适合他的职位：因为他不必做任何决策，自然也没有和上司意见分歧的必要。

后来那名监工退休了，米尼恩接替了监工的职务。和以前一样，他依然附和大家的意见，上司给他的每个建议，他不经选择就全部下达给领班，结果造成政策上的互相矛盾，计划也朝令夕改，不久整个部门的士气便大为低落，来自市长、其他官员、纳税人以及工会工人的抱怨接二连三。

至于米尼恩，他依旧对每个人唯唯诺诺，仍旧在他的上司和部属之间来回传送讯息。名义上他是一名监工，实际上他做的却是信差的工作；他所负责的维修部门则经常超出预算，而原定的工作计划也无法达成。简言之，米尼恩以前是一名称职的领班，现在却变成不能胜任的监工了。

3. 企业用人之道

在市场经济条件下，企业之间的竞争往往是决策水平和人才素质的竞争。

企业的拥有者怎样选好人和用好人，最大限度地调动人的积极性、创造性和主观能动性，使企业的骨干力量形成一个团结合作、奋发向上的优秀团队，是一个企业是否能够在市场经济的汪洋大海中乘风破浪、胜利前进的关键。

世界上最常用、最需要的学问恐怕就是识人和用人学问了。

毛泽东曾说过：领导者的责任就是出主意、用干部。清末名臣曾国藩在识人、用人的问题上可以说是研究了一生，还写了一部人学专著《冰鉴》。史书《二十五史》和《资治通鉴》都是通过大量的历史事件，总结识人、用人和因而成败得失的记录。但是，这门最需要、最常用的学问，又是最深奥、最难学、变化多端、难以把握的学问。古今中外很多大人物因用人而成功或因用人而失败的例子屡见不鲜。而其中很多事情往往坏在他最亲近、最相信的身边人身上。“除了上帝，相信自己”成了一些人的名言。

但是，要做成一件大一点的事情，不可能事必躬亲。必须用人。不少人就认为“自己的亲人最可靠”，“打虎还是亲兄弟，上阵还是父子兵”。这种思想就使不少家族式企业应运而生。可是在发展到一定程度后，家族企业也会在内部产生这样那样的问题，进而危及企业的生存或阻碍企业的健康发展。因此，识人、选人、用人就成了企业家们必须认真研究的学问了。

企业用人向来没有一定的模式，都是根据企业、人员和外部环境的变化而变化。由于条件不同，两个企业用同一种方法去用人，可能有的成功而有的失败。所以，企业用人即要讲原则性又要讲灵活性。同时，由于中国的国情限制，很多事情是能说不能做或能做而不能说的。用人问题因为涉及“权谋”、“道德”等问题，说者大都讳莫如深。

上级领导企业应该把培养和重用人才放到首位上来，如：

·建立分配激励机制，实行“特岗特薪”；

·上级领导多与下属交流；

·跨行业间的人才使用；

·切不可“大马拉小车”或“小马拉大车”；

·提拔重用员工不要论资排辈，要以知识、能力和对企业的贡献而定；

·常用者多批评，短用者多表彰；

·大胆放权，分级管理；

·不要计较下属的缺点和小错；

·尊重人的本性，不要追求员工们对企业的绝对忠诚。

企业的用人之道体现在以下几方面：

①用人之长，避人所短。人无完人，天下没有全才，但唯才是用，将其特长发挥，那他就是这一岗位的人才。从长处看人，世无无用之才；从短处看人，人人难逃平庸，人才使用，当用其长处。

②注重培养，各有所得。用多种形式加强员工各方面素质的培养，让员工在培训中提升自我。员工只有不断地学习，全面提高综合素质，才能适应行业飞速变化的现状，与企业一同发展，一起成长。

③机会只给予有准备的人。有许多中层领导都是从一名普通员工成长起来的，公司采用公开竞聘制度选拔人才，提拔重用员工不论资排辈，以知识、能力和对企业的贡献而定，每个人都有机会。

4. 彼得原理与个人事业

在经济蓬勃的时候，许多企业为了挽留人才，常常开设新职位，并且轻易地晋升员工。升级加薪，变成了员工主要的奋斗目标。然而，到了经济逆转时，不单员工升级无望，更容易出现一些管理问题。

常见的例子是，一位成功的销售人员，本身学历虽然不高，但非常努力，加上口才了得，顾客网络广阔，因而个人销售业绩表现好，多年来都是公司最佳的销售员。公司因此提升他到主管职位，领导一整队销售人员。

他到任后，问题出现了，由于他领导及行政能力不强，而下属又不认同他的做事方式及政策，公司亦不满他未能提高整体销售业绩。因此，他面对很大的压力，渐渐地信心受到打击，工作士气低落。更大的问题是，他发现自己无路可退，降级再担任原来的销售员职位，等于抹杀了自己以往的成就。向别的公司求职，自己的学历及近年表现又不出色。更糟的是，在经济不景气的情况下，公司计划裁员，自己变成了“高危一族”，惶恐终日，工作表现更不济。

在许多单位里，专业人员借着论资排辈的升迁制度，累积了多年的工作经验后，晋身管理阶层。但他们的专业知识和经验并不等同他们可以成为出色的上司。有时，他们自恃事业有成，没有进一步进修及提升自己的专业知识及管理能力。到了机构要进行瘦身及改革时，他们便感到很大的压力，担心饭碗保不住。

当上述情况出现时，不单影响员工对自己工作岗位及事业发展前途的看法，对企业来说，当部分中层领导缺乏斗志时，更会影响公司上下的士气。

5. 企业如何应用彼得原理

如果简单地将企业的员工分成两类，那么将存在两类人：

一是能胜任现在的工作，但基本已定型，不具备自我提升的素质，永远只能做好现职工作，再向上升一级就是错误。

二是不但能胜任现在的工作，也具备自我学习、自我总结、自我提高的素质和能力，能不断提高自己的能力，从而胜任所有的职位。

由此可见，企业的用人之道可简单地概括为：发现并培养第2种人。由此推导的结论是：必须充分认识到人力资源管理的重要性并有效运作，发现（包括招聘和在企业内部发展）并培养企业每一职位的接班人，在人力资源上形成可持续发展的潜力。

提升是将一名员工从前任职位调到需要负责更多职能、担负更大责任的职位上去。一般，随之而来的是更高的地位和更多的工资。提升的原因可能是对过去工作表现突出的报偿，也可能是企业为了更好地使用个人的才能和能力。

然而我们却发现，管理人员有时会被提升到他们所不能胜任的层次。特别是有这样的情况，管理人员在其当前职位上取得了良好的成就，因此能够被提升到较高的职位，但被提升的这个管理人员却常常不具备这一职位所需要的才能。这样的提升会使该管理人员无法胜任提升后的工作。我们也不难看出，这种现象在由销售、财务、生产等部门经理中选拔总经理时表现得最为突出。

由于表现出色的员工被从原岗位上不断地提升，直到他们不能胜任为止，但这个过程往往是单向的、不可逆的。也就是说，很少有回到他原来所能胜任的岗位上去的提升者。因此，这样的“提升”最终导致企业中绝大部分职位都由不能胜任的人担任。这个推断听起来似乎有些可笑，但决非危言耸听，因为不少企业中的实际情况确实如此。这样的现象还会产生另外一种后遗症，就是不胜任的领导反而有可能阻塞了原本有可能胜任这份职位的提升者的途径，其危害之大可见一斑。

尽管我们必须重视管理人员成长可能性并通过提供更大的发展空间等手段来激发他们的潜能，但彼得原理可以作为一种告诫：不要轻易地进行选拔和提拔。解决这个问题最主要的措施有以下三个：

一是提升的标准更需要重视潜力而不仅仅是绩效。应当以能否胜任未来的岗位为标准，而非仅仅在现在岗位上是否出色。

二是能上能下不应该仅仅只是一句空话，而应该在企业中真正形成这样的良性机制。一个不胜任经理的人，也许是一个很好的主管，只有通过这种机制找到每个人最胜任的角色，挖掘出每个人的最大潜力，企业才能“人尽其才”。

三是为了慎重地考察一个人能否胜任更高的职位，最好采用临时性和非正式性“提拔”的方法来观察他的能力和表现，以尽量避免降职所带来的负面影响。如设立经理助理的职位，在部门或项目小组这类组织中赋予更大的职责，特殊情况下先让他担任代理职位等等。

6. 如何避免彼得原理陷阱

企业中出现彼得原理陷阱主要是因为企业的激励机制和人员的晋升机制不合适所产生的。要想有效预防彼得原理这一通用陷阱，就必须改革企业的人员晋升机制和激励机制，所谓“解铃还需系铃人”，如何有效地避免彼得理原理陷阱，主要可以通过以下几种方式：

(1) 建立配套的岗位升迁机制

对于企业的行政人员和专业技术人员，可以按照所属的岗位的性质的不同，而建立相应的相互独立的行政岗位和技术岗位的职务晋升机制，且相应的技术职务岗位对应相应的行政职务岗位，享有相应的薪酬和福利等等。但是，行政职务岗位不能与相应的技术职务岗位互换，要实行双轨制。让企业的行政管理人员和技术人员分别走不同的职务晋升路线，这样，既可以满足对业绩突出人员的精神激励的要求，让不同类的员工各得其所，又能够提高企业的管理水平和科研实力。

（2）建立岗位研究体系

建立相互独立的行政和技术职务岗位晋升机制只能够防止行政人员和技术人员由于错位晋升而陷入的彼得原理陷阱。要防止同类岗位内部出现彼得原理陷阱，还必须对不同级别的各个岗位进行工作岗位研究，明确各个岗位所必须的责任，细化各个岗位的对具体的诸如管理能力、业务水平、学历等不同能力的要求，并按不同能力所占的权重予以排队。简而言之，就是“按岗设人”。

有效的岗位研究体系建立以后，在人员晋升时，就可以参照晋升者的实际情况与晋升的岗位所需要的标准来予以取舍，符合条件的上，不符合的就下，或者是原地待命。这样，基本上能够保证各级管理和技术岗位的人员都基本符合本岗位的要求，从而做到有效避免彼得原理陷阱。

（3）建立岗位培训机制

在如今的信息时代，技术、管理发展日新月异，新的技术和管理知识每天都在不断出现。即使昨天你是个合格的技术人员、合格的管理者，如果不加强学习的话，或许今天你已经成为一个落伍者了。

因此，作为一个合格的管理者或技术人员来说，就必须不断地加强自身的学习，吸取新的“血液”。作为一个企业来说，不断的引导企业各层各类人员加强学习，通过企业内训、外训、专家讲座以及岗位交流等方式，建立一整套的企业岗位培训机制，来加强各类人员的岗位知识，使他们能够跟上知识发展的步伐，真正做到与时俱进，使员工们能够持续地胜任自己的本职岗位要求，有效避免彼得原理陷阱。

（4）实行宽带薪酬体系

所谓宽带薪酬，就是在拉大同等级的员工的薪酬的同时，缩小不同等级员工之间的薪酬差异，实行薪酬扁平化，以及按劳取酬、按效益取酬制度。改变以前企业的那种按职称、按工作岗位拿工资的现状。如果某一个基层工作人员干得好，他可以拿到甚至是在职称或者是职务上高他几个等级的员工的薪酬。相反，如果某一个高层员工干得不好的话，他甚至有可能拿到全企业的最低工资。

设立宽带薪酬体系的好处是显而易见的，他可以激励各个层次的员工能够全身心地投入到自己的本职工作中去，实现“在其位，谋其政”、“劳有所得”，要不然的话，等到月底发工资时，他们就会发现自己的收入是那么的少。通过此种方式的激励，可以在各个层次的工作岗位中留住有事业心的合格人才。

不过，这一薪酬体系对那些不大适合晋升，而更适合留在本职工作岗位的各级行政管理和专业技术人员的激励更有效果。对他们来说，与其在“更上一层楼”时遭遇彼得原理陷阱，倒还不如在最适合自己的工作岗位上体现的价值更大。原因是，他们虽然不能通过相应的职称或职务来体现自己的价值，但他们却可以通过自己的业绩和收入来获得企业其他员工的尊敬，并以此来体现自己的价值。

以上几点，只是一般性的建议。但如果企业能够把上述几点建议真正落到实处，再根据企业具体情况辅以其他方法，遏制彼得原理陷阱，对我们来说，可能就不再是个梦，收益也将更大！

定律15 蘑菇定律

蘑菇定律“是组织对待初出茅庐者的一种非常适用的管理方法，初学者被置于阴暗的角落（不受重视的部门或打杂跑腿的工作），浇上一头大粪（无端的批评、指责或代人受过），任其自生自灭（得不到必要的指导和提携）。

事业中的很多机会都是在每一次单调的工作实践中挣得的，如果你一开始就不想从事单调的工作，那么你永远也不会得到提升的机会！只有投身到社会生活中去，在生活中摔摔打打，你才会知道你能遇到的机会是无穷无尽的。平凡的人要用一种积极的心态来面对生活！

1. 敢于面对现实

人，要敢于面对现实。在这个世界上，大多数人都是平凡的，而平凡人的生活又多是单调和枯燥的。陶渊明笔下的陶花源是个幸福美满的理想世界——“黄发垂髫，怡然自乐”，引起了后世人的无限向往。但无论怎样寻觅，它却恍如春梦无痕，始终不见踪迹。人们慨叹那种美丽遥不可及。殊不知，桃花源就在你的身边，只是要看你懂不懂得生活，能不能够去发现、去营造。

由于现代快节奏的生活，人们常常十分忙碌，而越是忙碌，心里越容易只停留在事物的表面而没有时间去深思。当人们习惯了不去深思的时候，生活就只剩下物质上的奔走，而失去了灵性上的光辉。

其实，繁忙的现代人更需要宁静的高山流水，清脆的森林鸟鸣，夜深人静时的神思万里，以及古典诗词所构造的优美意境，只因它们可以使人暂时离开现实的尘嚣，而有机会面对自己。那么，不妨在乏味的生活中加上一点诗情画意，使灰色的人生添些亮丽的色彩。

现实生活中还有些人，为诸多不幸所困扰，工作的单调、事业的挫折、命运的多舛、世俗的重压、前途的迷茫……于是，觉得生活很无味，便幻想桃花源，渴望寻求一方线装书里的净土。其实，一个人的处境是苦是乐是主观的，正所谓“境由心造’。佛曰：“菩提本非树，明镜亦非台。世本无一物，何处染尘埃?”事实上，困境也并不总是一成不变的。有时，失败抬起头来就是成功，痛苦转过身去就是微笑。灾难和不幸，只要你敢于面对，心中就会升起傲然和自信。那么，再大的苦难，也总有被克服的时候。世上本没有攀不过去的山峰。只要对生活充满热爱，只要心中装着万紫千红，人人都可以在现实中发现、营造出自己多姿多彩的桃花源。

2. 调整自己，配合主管

如果在公司谋事，一般我们不能自由选择主管，公司不可能为每个人配备一位适应的主管，即使你适应这位主管，但是其他员工也很可能不那么适应。人与人之间，背景、性格、习惯、思维方式往往各不相同，相互之间没有产生“共振”的情况很多。一方面，公司要求各级主管关心下属，注重工作方式和有效沟通；另一方面，员工如果遇到不适应主管风格的情况，该怎么办呢？是发牢骚，指责抱怨，还是辞职、换岗，另觅一个适应的主管去工作？如果，就算重新找到了工作，你也不一定能与新主管适应得很好，倒是容易养成挑剔、逃避的不好习惯。如果不主动说出来，也不去配合，用消极抵抗的方式是不对的，不仅工作受到影响，也会给主管留下不好的印象。正确的处理方式应该是面对问题，客观地分析一下自己为什么难以适应主管，分析主管的工作风格到底是怎样的，有没有办法通过自身的调整来实现相互的配合；还可以通过沟通、建议等方式向主管提供一些相互能更好合作的意见。磨刀不误砍柴工，建立了相互适应的良好合作关系后，工作起来轻松高效，事半功倍。作为一名合格的员工，在业务能力之外，还应具备的一个基本情商条件是：善于配合自己的主管工作，主动适应主管的工作方式，懂得积极沟通。

也有这样的情况，我们曾经提过很好、很正确的建议和见解，但没有被主管采纳，是不是自己就比主管高明呢？这时你应想到，主管是站在主管的角度看问题，要考虑各方面的情况，有些问题可能还下不了决心、拍不了板，需要公司政策的支持，特别是带有决策性的问题更是如此，这可能是我们普通员工所不了解的。所以提倡员工积极向主管提建议、看法和见解，但是不要因为没有被主管采纳，而产生误会和猜忌，更不能产生顶牛和消极的情绪。如果这样的话，岂不违背了大家提建议、看法和见解的初衷，这对于工作、对于自己的成长都是不利的。

配合主管的工作，还包括服从主管的工作安排，正确理解主管的工作意图、细节和要求，要圆满卓越地完成主管交付的每一项工作。如果所交付的工作难度太大，自己一时解决不了，那就要向周围的同志寻求帮助，或者寻找有关的资料和书籍进行学习。如果还不行就要请主管帮助或者请人支援解决，不能采取完不成就完不成的态度，使整个团队的工作在你那里发生梗阻。当然在主管安排工作之前，在讨论工作的时候，可以充分发表自己的意见，提出困难和要求。在工作安排下来以后，就不再瞻前顾后，应努力完成工作。作为一名员工，我们要以平常心态来对待自己事业的成就感，不要因为有了一点点小成绩就沾沾自喜。因为我们都是平凡的人，每天都在干着平凡的事。我们事业的成就，就在于把每天的平凡的事情做好、做出色。

如果公司的规模扩大，员工的分工也会越来越细，作为公司的一个员工都应该、也一定能够成为自己所从事工作那方面的专家里手。但是分工不等于分家，在我们深钻某一方面工作的时候，也应了解周边的工作情况，发挥团结协作的精神，这样会更有利于自己某一方面的深入研究。而以邻为壑的工作态度，计较哪些工作是该我做的，哪些工作是不该我做的，胸怀就不够宽阔，既不利于与同事相处，也不利于自己事业的成长进步。

作为一名员工，应该能够理解主管、适应主管的工作方式，即使自己的工作成绩一时没有得到主管的肯定，这是暂时的。应该一如既往地努力工作使团队获得成就，我们就会从一个初出茅庐者转变为一个成熟的职业人，我们的成长必将是水涨船高式的成长，而不是水落石出式的峥嵘。

3. 先学会做人，后学会做事

先学会做人，后学会做事。听了这句话，让我琢磨好久。长大成人，往往是从孩子起的期盼。做人，首先是要有榜样，学着做人。之后，确定自己的评判标准，孜孜追求。依我之见，既要学习做人，也要实践做人，最关键的是，做事先做人。做人就要明确遵循标准。人，首先要诚实，有一是一，有二是二，当老实人，说老实话，不能含糊。其次要有追求，敢于奉献，对事业负责任，对自己一生负责任，而不是对金钱负责。再次是爱国爱家，有良心、有善心，知耻知辱，勤奋好学，追求上进。不能以寿命为标准，世界不以寿命为判定人生价值的尺度。

某公司新来两个大学生，一个叫思，一个叫玮。俩人被安排在同一个部门，做同样的工作，在工作能力和工作业绩上也不相上下，但俩人在待人接物方面，却有天壤之别。

思是一个大嗓门女孩，见到人要么直呼其名，要么老刘、小许地喊。有一次，思的顶头上司张经理正在会议室接待客人，思突然出现在门口，大声喊："老张，你的电话。"刚刚35岁的张经理，竟被人喊老张，又是当着客人的面，而且喊自己的人还是自己的部下。张经理感到很没面子，非常不高兴，阴着脸，出去接电话时，看也不看思一眼。

而玮就不同了，见到谁都毕恭毕敬的，对领导小心翼翼地喊X经理、X主任，对没有职务的，她就喊X大姐或X大哥；对年龄稍长的职工，她就喊X师傅。

思只有上班时才来公司，下班就走人，与公司里的人也没有过多交往。玮就不同了，她下班以后，看有人没走就会留下来，与人家聊聊天，说说闲话。谁有什么困难，她也会尽力帮助。当然，她有时也会向别人求助。有一次，她来到老刘的办公室，说有一件大事，务必请他参谋参谋。原来玮的弟弟参加高考，想请老刘指点一下，看填什么志愿好。老刘心想，人家把弟弟的前途都交在咱手里了，咱自然不敢含糊。于是，很认真地给她分析了近几年的就业形势，然后慎重地给她提了一个建议。玮千恩万谢地走了。美国成功学家卡耐基有一本谈成功之道的书，其中介绍一条赢得别人好感的方法，那就是请对方帮忙，让对方获得做重要人物的感觉。

后来，张经理手下的一个副经理调到别的部门主持工作了，公司决定采用公开竞聘的方式选拔新的副经理。思和玮因为都是本科学历，又都是业务骨干，符合公司规定的竞聘条件，于是俩人都报名竞聘。评委由公司中层以上干部和职工代表组成。竞聘的结果是，玮以绝对的优势击败了思，成为公司最年轻的中层干部。

因此，给职场人士的第一个忠告是：先学会做人，后学会做事。工作能力当然重要，做人技巧同样不可或缺。

4．拥有一种积极的心态

(1) 积极的心态是成功的起点

所谓积极的心态，一方面是指心理状态是乐观的，另一方面是指态度是积极的。积极的心态是成功的起点。它能激发人的潜能，让人愉快地接受意想不到的任务，悦纳意想不到的变化，宽容意想不到的冒犯，做好想做又不敢做的事，获得他人所企望的发展机遇。而消极的思想就好，你像一个要长途跋涉的人背着无用的沉重大包袱一样，使人看不到希望，也失掉许多唾手可得的机遇。

有一个建筑公司的老板，在工地上有意问他的两个员工："你们终日在工地上干活，有什么感想？"一个工人看看眼前的高楼兴奋地说："啊，又一座高楼即将从我的手中诞生，我感到自豪！"另一个工人神情沮丧地说："唉，每日每夜地重复这种劳动，我已厌烦透顶。”老板听后没说什么就走了。可以看出，这两个建筑工人，一个的心态是积极的，另一个的心态是消极的。后来，在公司的裁员中，第一个工人被老板留下了，并获得提升，而第二个工人则被老板辞退了。

积极心态的人，他们是乐观的，为人热情，善于行动，同时，他们的思维也是积极的；积极心态的人，他们的心理是健康的，人际关系是和谐的，性格是随和的；积极心态的人，他们在事业上要比普通的人、消极的人容易获得成功。看，面对金色的晚霞映红半边天的情况，有人叹息：“夕阳无限好，只是近黄昏。”也有人想到：“莫道桑榆晚，晚霞沿满天。”不同的人对同一件事有不同的心情，不同的心情就有不同的结果。在推销业，流传这样一则故事：有家做鞋子的公司，派了两位推销员到非洲去做市场调查，看看当地的居民有没有这方面的需求。不久，这两个推销员都将报告呈给总公司。其中一个说：“不行啊，这里根本就没有市场，因为这里的人根本不穿鞋子。”而另一位则说：“太棒啦，这里的市场大得很，因为居民多半还没有鞋子穿，只要我们能够刺激他们想要的需求，那么发展的潜力真是无可限量啊！”同样一个事实，但有完全不同的见解，因为前者是一个消极心态的人，而后者是一个积极心态的人。

远大理想和明确的目标是积极心态者的重要表现。没有远见的人只看到眼前的、摸得到的、身边的琐碎事和小事，个人的精力被这些琐事消耗掉。有远大理想的人具有远见，远见不仅使人站得高，看得远，看到有重大意义的大事，而且能使之成为明确的目标，采取积极的行动去实现它。可以说，人的见识有多广，他的世界就有多大。具有远见卓识的伟人，他的心中装着整个世界。远大理想能使人具有远见，能调动人的积极性，能激发稳定的内在动力，能引发巨大的潜能。成大事者都是那些有远大理想的远见卓识的人。每个成功者都有明确的自我发展目标，他们脚踏实地，坚忍不拔，不断地实现具体目标，不断地体验成功感，以激发内在的动力，直至达成伟大的目标。

你不能控制他人，但你可以掌握自己；你不能选择容貌，但你可以展现笑容；你不能左右生活，但你可以改变心情。积极的心态不是天生的，而是后天养成的，是人主动创造出来的。换一个角度看问题，心情也换个天地。拿破仑·希尔是世界最伟大的励志与成功大师。他在整整20年时间里走访了500多位美国社会各界名流与成功人士，他所创建的成功学，激励和改变了无数人士。一个积极心态的人并不否认消极因素的存在，他只是学会了不让自己沉溺其中。积极心态的人常能心存光明远景，即使身陷困境，也能以愉悦和创造性的态度走出困境，迎向光明。在看待事物时，应考虑生活中既有好的一面，也有坏的一面，但强调好的一面，就会产生良好的愿望与结果。可见，积极的心态，是健康、向上的心态，是进取、成功的心态。

运用积极的心态，去取得成就。思想是行为的先导。积极心态是迈向成功不可或缺的要素，积极心态是成功理论中最重要的一项原则。运用积极的心态，你一定能够取得伟大的成就！你可将这一原则运用到你所做的任何工作上。而且，世上唯一最重要的人只有一个——你自己！你有能力指引你的思想和控制你的情绪。只要我们运用积极心态的原则，每个人都会成功。

(2) 积极向上的心态是成功者最基本的要素

记住！你认识到你自己的积极心态的那一天。也就是你遇到最重要的人的那一天。而在这个世界上最重要的人就是你！你的这种思想、这种精神、这种心理就是你的法宝，你的力量。

积极的心态必须是正确的心态。正确的心态总是具有“正性”的特点，例如：忠诚、仁爱、正直、希望、乐观、勇敢、创造、慷慨、容忍、机智、亲切和高度的通情达理。具有积极心态的人，总是怀着较高的目标，并不断奋斗，以达到自己的目标。

消极的心态则具有与积极的心态相反的特点。如果说，积极是人类最大的法宝，那么，消极就是人类致命的弱点。如果不能克服这一致命的弱点，你将失去希望之所在，被悲伤、寂寞、烦躁、颓废、痛苦等情绪困扰，世界将因此毁灭。

不！我们不要这样。我们虽有很多弱点，但我们不是弱者。积极心态的树立，将使我们很快地摆脱消极心理的阴影，成为一个快乐的强者！

变成世界上最重要的人，那个人就是“你”。你的成功、健康、幸福与财富依靠你如何应用你的看不见的法宝。你将怎样应用它呢？这由你自己选择。

你的心理，它的一面装饰着“积极的心态”五个字，另一面装饰着“消极的心态”五个字，积极的心态具有吸引真善美的力量，而消极的心态则完全排斥它们。正是消极的心态剥夺了一切使你的生活有价值的东西。

不要由于没有成功就责备这个世界的不够完美与世态炎凉，这是可笑与可鄙的。你要像所有成功者那样发展自己火热的谋求成功的愿望。怎样发展？把你的心放在所想要的东西上，使你的心远离你所不想要的东西。

不要拒绝所有的励志书籍和他人的帮助和指引，更不要拒绝自己内心的冲动。

对于那些具有积极心态的人来说，每一种逆境都含有等量的或更大利益的种子。有时，那些似乎是逆境的东西，其实是上升的好机会。你愿意花费时间从事思考以便决定你怎样才能把逆境化为等量或更大的利益吗？请这样回答说：我当然愿意！

请接受这样一件无价的礼物——欢乐的劳动；寻求人生的最大价值；热爱人们，为人们服务。

绝不能低估消极心态的排斥力量，如不重视，你未必是它的对手。它能阻止人生的幸运，不让你受益。

你能由失望而得到好处吗？是的，失望已被我积极的心态转化为励志的失望了。某些失望正是新希望的开头呢！请对你的朋友说：嘿，我失望了，但我终于想通了！

继续工作！重新端正自己对生活与工作的态度，并且把今天的挫折转化为明天的动力。是的，我很不满意！为此，我要继续努力！请相信，每当这时，积极的心态可以拯救你的困惑或苦难，并把那些好像不可能的事转化为现实。你要对自己热情、快乐而肯定地说："我没有失败，让我继续工作!"你有这一勇气吗？只有勇敢者才可能是强者。

不要让自己老是觉得委屈，顾影自怜。成功是由那些具有积极心态的人所取得的，并由那些以积极的心态努力不懈的人所保持的。

(3) 积极的心态：世上没有比人更高的山

对于一个思维正常的人来说，平常的心态只有两种：积极的和消极的。在智力上，人和人之间只有很小的差别。我们很小的时候都有这样的感受：同样是聪明的孩子，学习成绩却有好坏优劣之分。有教育经验的人知道，孩子学习不好，一般而言不是智力问题，而是不认真学习的结果。而细究"认真"二字，就是说的一种积极的心态。

在公司，同样是一起进来的职员，有人成为了优秀员工，劳动模范，有的却一无所长，甚至有人成为问题员工，被公司除名。他们的差别在哪里？心态。心态积极的员工做事更努力、更负责，更愿意表现自己的长处；而心态消极的员工做事拖沓，懒散，逃避责任，不敢接受挑战，甚至成天牢骚满腹，怨天尤人，抱怨自己生不逢时。这样的员工没有认识到，在任何时候，任何事物都有积极的一面和消极的一面，心态积极的人看到积极的一面，对人生充满了乐观和自信；心态消极的人则看到了消极的一面，人生就呈现出失望和悲观。

古语说"哀兵必败"，说的就是团队士气对战争结果的决定性作用。在任何时候都要对未来抱有信心，对自己抱有信心，用积极的心态做人和做事，不惧怕困难，不逃避责任，即使困难像山那样大，也要相信世上没有比人更高的山，我们终会征服它的。这是我们的团队必须要有的精神。

定律16 奥卡姆剃刀法则

12世纪，英国奥卡姆的威廉主张唯名论，只承认确实存在的东西，认为那些空洞无物的普遍性概念都是无用的累赘，应当被无情地“剃除”。他主张“如无必要，勿增实体”。这就是常说的“奥卡姆剃刀”。这把剃刀曾使很多人感受到威胁，被认为是异端邪说，威廉本人也因此受到迫害。然而，这些并未损害这把刀的锋利，相反，经过数百年的岁月，奥卡姆剃刀已被历史磨得越来越快，并早已超越原来狭窄的领域，而具有广泛、丰富和深刻的意义。

1. 不要把事情人为地复杂化

语言是人类的特殊功能。人们的思想、信仰、价值观作为一种文化现象通过语言得以体现。企业，作为一个具有社会属性的团体，其语言表现便是企业文化个性的生动体现。

不难发现，任何一个企业的语言都是多姿多彩的，其中的主旋律则起关键作用，即所谓的“中心语言频道”。这个“中心语言频道”是指企业员工在上班期间的茶余饭后，自发地聚在一起闲聊时，以一种习惯性的交流方式表现出来的相对固定的话题倾向。走进某些企业，常常可以听到员工对于当天的生产质量、客户反馈、产品进度以及质量难题等，不时地在交流反馈，其中夹杂着路边新闻，家务轶事花絮等等，可以感觉到他们之间的交流是愉悦的、自然的，构成了企业的一道健康、和谐、向上的亮丽风景线。然而，也会遇到这样的企业：上班期间，员工们三五成群，说三道四，人前背后拨弄是非，对于公司则是牢骚满腹，但对于自己工作的分内事却又习惯于推三躲四，凡此种种，该是一道令人烦心的风景线……

可见“中心语言频道”就是公司文化的风向标。作为管理者，要想办法调节好这个风向标，使其朝着企业期望的方向转换，成为公司发展的动力源和员工身心健康的营养素。

就事论事，淡化“是非”之争。

员工来公司就是做事的，管理的奥妙就在于如何使员工确立对事情负责的态度，专注于手上的“活”，而非游离于“事”之外，在做“人”上下功夫。因此，管理者应该开宗明义，引导员工把“中心语言频道”集中到如何把事情做好这上面来。怕就怕企业的语言在“人”的是非圈子里兜，使本来简单的事情复杂化，反而节外生枝、事倍功半。例如，某个工作项目出现了问题，本应该利用大家的智慧去查明原因，想办法解决问题，但是由于管理者引导有误，使大家花了很多精力在分辨是非和追究责任上。结果，事情本身没有得到及时解决，反而搞得人人自危，私下里形成相互猜疑，逃避责任的不良风气。

作为管理者，请不要把事情人为地复杂化！

2. 一切顺其自然

顺其自然，有两层意思：一是说要顺应事物运行的客观规律办事，二是说要依凭客观条件和情势办事。

其实，两方面本来都是一致的。

从行事有为的一般情况看，顺应事情运行的客观规律，往往就能占尽天时、地利、人和；违背了客观规律，往往天时、地利、人和全失。成事所需的条件其实就包含在事物运行的客观规律之中。

比如治水：水是流动的，满则溢，溢则生患；水总是往下流，所以上游水溢，下游就会遭殃。这就是规律。

从另外的角度看，正因为水能流，也是我们能治水的条件。正因为水能流，所以我们也就可以堵或导。所以，人类治水，大体都采取堵导结合的方法，修筑堤坝，该堵则堵，疏浚河道，当导则导，堵和导都是为了让水好好地流。如果像上古那样，只是一味地去堵，我们今天是什么状况，很难想像。

这就是顺其自然。

人面对自然是如此，面对人事也应如此。

比方与人讲道理，劝人听道理，就必须有条件。首先这个人必须是听道理的人，其次还需这个人能听得进道理。假如这个人本来就是个针插不进、水泼不入的死榆木疙瘩，你的道理再多也没用。如果这人此刻正在气头上，他的理智会因怨气的遮蔽而失去了判断，他会听不进，也听不清道理。这两种情况，无论是对哪一种，你最好都是免开尊口。如果你硬要讲道理，一般来说，都不会有作用，弄不好还可能自取其辱。

所以，还是要顺其自然。

顺其自然，就是要顺时而动，依势而动。抓住时机，当行便行，行必果断，行必迅速。因为事物发展过程中，有些时机往往稍纵即逝。

顺其自然，就是要冷静行事，需等待时便等待，该静观时便静观，不可莽撞行事。有些事莽撞不得，莽撞了会出乱子。

以前常听人说有条件要上，没有条件也要上。这想法太一相情愿了。在许多情况下，没有条件，想上其实也上不了，硬上则往往碰得头破血流。因为事物循其规律发展的自然过程，并不以人的意志为转移。

换一种说法可不可以呢？比如说，没有条件，创造条件上。想来这说法应该是可以的。不过还是应该记住：条件的创造，也得顺其自然。

3. 享受简单的生活

时间是如何溜走的？对大多数人来说，工作和上下班占据了整天的时间。现代生活又充满了各种诱惑，那么多信息要筛选，那么多产品在吸引着你。“我们试图占有一切，而这往往把我们弄得精疲力尽。”要简化我们的生活就意味着对那些令我们花费金钱、时间、精力的事情，要加以区分，然后逐步去摆脱它们。下面是一些关于如何摆脱混乱生活而获得生活中的乐趣的建议：

（1）为新的一天做好准备

尽可能把第二天需要的东西在头天晚上准备好。例如，买一个可以定时的咖啡壶，在你起床的时候就自动开始煮咖啡。决定好要穿哪一件衣服，包括首饰、丝巾和袜子以及准备怎样搭配，并检查好衣服上面有没有污点和褶皱，是不是少了纽扣。

把任何一件需要带出去的东西都放在门前，以免在出门的时候因为忘记了而再浪费更多的时间回去拿。

永远把钥匙放在同一个地方，研究证明，平均每个成年人一年中有15．8个小时在寻找丢失的钥匙。

把这些平时我们看似很少的时间节省出来，你是不是又能做一些其他你乐意做的事情呢?

（2）让自己的家更整洁

你所购买的每一样家具乃至杂物都需要照料。从点滴做起！一次整理一个抽屉或一个架子。如果发现有些旧物品已经不适用了，就干脆把它们扔掉。有条理是一个好习惯，它可以防止收集过程中的杂乱现象：永远不要“随手”把东西“暂时先”放在那里，别把夹克“暂时先”放在椅子上或把杯子“暂时先”放在水池里。就像妈妈说的那样：“别把东西放下，而要把东西放起来。”不这么做的话，就意味着现在不一次做完，呆会儿就至少得做两次了。

（3）别省小钱而费时间

我们大多数人都被教导要节约金钱，却不知道更要节约时间。结果，我们甚至可能都没考虑到，我们为了省几个小钱而浪费了许多用金钱都买不到的宝贵时间。是否真的值得为找一个画架的挂钩，在旧货市场里逛悠半天，而在你家附近的五金店里却一眼就可以看到。在饭店外面花上几个小时等外卖，而实际上只要多花上几元钱就可以让人送货上门，而且非常的快。不要用“我可没有太多的钱付给他们”这样的借口来搪塞自己，否则，你付出的代价就是你又浪费了两倍的时间来想同一个问题。

（4）温和地说“不”

“不”只是个简单的字，却可以帮助人们一周内省下不少时间。温和却迅速地说“不”，给出一个简短的理由，如“我确实没有时间”，避免过于详细的理由，因为别人可能会在你的理由中找出你无法再拒绝的理由来。

（5）关掉你的电视

没有几个人认为，看电视是一种重要或有趣的消遣。可是对很多人来说，如果他们把在电视机旁处于半催眠状态的时间拿出1/3来，生活就会简单得多。在看收视指南之前先安排好自己的活动日程，决定好要看什么节目后，把节目录下来，然后立刻关掉电视。再利用一些固定的时间，譬如，吃饭时或星期天的下午，去看录下来的电视节目。这样就省下了你在电视机前等待的时间。

这样你的生活就会变得大大简单了。而当你的生活变得简单后，你又可以从中获得什么呢？——你将又有时间去做那些你最喜爱的事情了，不管是与孩子嬉戏，听美妙的音乐，还是去旅游——享受你简单的生活，没有比这更简单的了！

4. 什么阻挡了我们的快乐

人活一世，无非就是来世界走一遭，有再多的遗憾，都会随生命而去。人或许就只该拥有至爱的亲情、至真的友情和至纯的爱情这三样东西，有了它们，就不枉这一生。

人的欲望总是很多。最明智的人，他们只要求简单的生活。金钱、地位、权势、名誉这些看似名贵的东西带给人的往往是心碎、痛苦、悲伤和绝望。可事实上却没有人愿意去享受简单的生活。这就是人类的一大悲哀。

元代了庵清欲禅师“睡起有茶饥有饭，行看流水坐看云”的诗句就是描写快乐的境界。用简单的心面对世界，过朴素的生活，这就是快乐的奥义。睡觉时好好睡觉，睡得甜熟安详；睡醒了有茶喝，就喝得满杯温润；饿了有饭吃，不计粗精，一样吃得滋味深长，让我们在享受美食、享受美景、享受物质给自己带来的种种方便的同时，更可以享受自己，享受简单的生活，简单的欢喜。在与人同乐的同时，更可以自得其乐。

简单的生活带给人的是一种极大乐趣，没有尘世的烦恼和忧愁，没有世俗的邪恶与阴毒，它能使人看破红尘，心静如止水。

简单给人的是心灵上的解脱，因为简单，所以心胸无比宽敞，也就不必为犯不着自己的事而生闷气。简单给人的是思想上的松绑，因为简单，所以思想没有束缚，也就不必为是是非非给自己锁上眉梢。简单给人的是身体上的放松，因为简单，所以身体充满活力，也就不必为自己无练达的为人而不安。

曾有人问李嘉诚："你以为一生之中，最快乐的赚钱一刻是何时？""开一临街小店，忙碌终日，日落打烊时，紧闭店门，在昏暗灯下与老伴一张一张数钞票。"李嘉诚作答时，一脸真诚。一旁聆听之人也无不动容，纷纷点头称是。亚太首富李嘉诚的这份快乐，难道真是旁人能真正体味到的？又有几人会认同他们"一生最值得追求的快乐"？

有则故事说，一国王整日茶饭不思，郁郁不乐。太医开药方：把全国最快乐的人所穿的背心，让国王穿上就能有快乐。国王限期让大臣找到那件背心。大臣们走遍全国，找过很多人——富甲一方的财阀、权倾朝野的臣子、倾国倾城的美女……虽然他们拥有的也许是其他人梦寐以求而不可得的荣耀，但他们好像也各有各的烦恼，并不见得轻松愉快。眼看期限临近，一无所获的大臣们忧心如焚。一天晚上，他们来到郊外野地，听到一人唱着欢快的曲子正自得其乐，大臣们如获至宝，想要强扒他的背心，结果发现这个人穷得连背心都没有。

快乐原本只是一种内心感受，不断地发现自己的内心世界，也同时能与自己的内心对谈交流。善待自己的短处，让自己有机会、有空间去接纳更多的机会，能明白自己内心的需求。这个感觉，化成行动，成了事实，就会内心充满快乐。这种快乐与外在不一定有必然的因果关系。

正如古人云："羁锁于物欲，觉吾生之可哀；夷犹于性真，觉吾生之可乐。"无法满足的欲望，是人们不快乐的主因，欠缺的是"先天下之忧而忧，后天下之乐而乐"的胸怀，执著于个人暂时的得失。

放弃你的欲望，你将是一个快乐的人。

定律17 鲇鱼效应

一种动物如果没有对手，就会变得死气沉沉。同样，一个人如果没有对手，那他就会甘于平庸，养成惰性，最终导致庸碌无为。

“鲇鱼效应”是最经典的潜能激发案例，所以一个组织中需要有几条“鲇鱼”，“鲇鱼”本身未必有多大能量，但他可以给整个组织带来能量释放的连锁反应。

1. 企业管理中的“鲇鱼效应”

当今，麦当劳拥有一支庞大的年轻人才后备军，于世界各地广招大学生在课余时间为其打工。这些后备人才有50%的机会成为公司明天的高级管理人员。

麦当劳还要求每一阶层的管理者都预先培养自己的接替者，如果没有预先培养“接班人”，那么谁都不能晋级提升。此乃管理学中的鲇鱼效应：北海道捕鳗鱼的渔民发现，捕获的鳗鱼在长途运输中，会大量死亡。如果在鳗鱼中投入少量天敌鲇鱼，由于鲇鱼的存在，鳗鱼会拼命游动，活力增强，死亡率大大降低。

“鲇鱼效应”是最经典的潜能激发案例，所以一个组织中需要有几条“鲇鱼”，“鲇鱼”本身未必有多大能量，但他可以给整个组织带来能量释放的连锁反应。

柏拉图曾指出：“人类具有天生的智慧，人类可以掌握的知识是无限的。”人类大约有90%～95%的潜能都没有得到很好的利用和开发，我们每个人都有巨大的潜能等待发掘。

所谓“潜能”通常是指一个人身体、心理素质等方面存在的发展可能性。根据人的生长规律，由于在生命成长的各个阶段以及遗传基因的不同，每个人都具有各种潜能。潜能开发的本质是把你天生的智慧潜能循循诱导出来，激活你已拥有的知识和掌握新知识的能力。

人的潜能是十分巨大的，我们能做的比我们想到的要多得多。所以在自我发展方面，“你想什么，什么就是你！”加拿大病态心理学家汉斯·塞耶尔在《梦中的发现》一书里做出了一个十分惊人也极其迷人的估计：人的大脑所包容智力的能量，犹如原子核的物理能量一样巨大。从理论上说，人的创造潜力是无限的，不可穷尽的。

被尊为“控制论之父”的维纳认为，每一个人，即使是做出了辉煌成就的人，在他一生中所利用大脑的潜能也还不到百亿分之一。他还认为，人脑原则上能储存大量信息，每个人的大脑，能记忆世界上最大的图书馆储存的全部信息。

因此，人的自我完善与道德超越是永远没有极限的，做事没有终结，好事越多越好，贡献越大越好。

那么，我们又该如何释放自己的潜能呢?

要释放人的潜能，就需要进行潜能激发，让人进入能量激活状态。如果一个组织中所有成员的能量都处于激活状态，那么它可以带来核聚变效应。

潜能激发的前提是相信所有人都具有巨大的潜能，而且这些潜能还没有被释放出来。虽然人们可以通过自我激励来开发潜能，但更可靠、更适用的方法是通过外因的激发带来能量的释放。因为自我激励需要坚强的意志力，而外因的激活则是人的一种本能反应，而且它的激发本身带有一种竞技游戏的效果。

2. 人天生是懒惰的

在我们的现实生活中，大多数人是懒惰的，都尽可能逃避工作。他们大部分没有雄心壮志和负责精神，宁可期望别人来领导和指挥，就算有一部分人有着宏大的目标，也缺乏执行的勇气。

他们对组织的要求与目标漠不关心，只关心自己；他们缺乏理性，不能自律，容易受他人影响；他们工作的目的在于满足基本的生理需要与安全需要。只有少数人勤奋、有抱负、富有献身精神，他们能做到自我激励并自我约束。

人们之所以会懒惰或者变得越来越懒惰，一方面是所处环境给他们带来安逸的感觉，另一方面，人的懒惰也有着一种自我强化机制，由于每个人都追求安逸舒适的生活，贪图享受在所难免。

此时，如果引入外来竞争者，打破安逸的生活，人们立刻就会警觉起来，懒惰的天性也会随着环境的改变而受到节制。

3. 敢于挑战是一个人的福气

任何人长大后都要进人社会。事实上，走人社会，真正的学习才刚刚开始。如果你期待成功，那就必须不断学习，且需花费更多的精力去再学习。年轻人与其空等成功的到来，莫如去探索，去果断地敲开成功之门。面对挑战和机遇，千万不要惧怕，也不要担心，要相信自己有足够的取胜条件。否则，若因为消极和畏缩不前，只能使你不知如何是好，同时内心感到很是不安，而且恐怕此刻机遇已经永远错过了。生命只有一次，一定要珍惜它，不要枉费一生。

许多三十几岁、四十多岁、甚至五十几岁的人，都曾叹息道："我的机遇不佳"，其中90%的人对自己为何没留下什么业绩，为何枉度了一生，有足够的借口，剩下10%的人倒是能够承认年轻时没有去迎接命运的挑战。在我看来，这些人很可怜，他们中的许多人，在看到挑战书时，是具备取胜条件的，只是他们缺乏足够的勇气。

人们对用改变生产方式、生活环境、变更作息时间，来打开新局面很难立即接受。作为一个农村出生的人一生中最难决定的一件事，就是需要离开那祖辈居住的小村庄，去千里以外陌生的城市谋生。但是，如果奔向成功之路只有这一条对，尽管那是一条寂寞的人生之路，一路上会有许多辛酸，自己也要去拼搏。因为只有接受命运的挑战，才会改变自己的人生。

接受挑战时，人的态度各异。有的人惧怕人生，而过着如同牧场母牛一样的生活；有的人认为挑战增加了生活的乐趣和价值，而在不断寻求新的挑战。在这两个极端之间，都以"常识"为基准，把挑战分为有意义的和无意义的。挑战是人生的一部分，应学会去巧妙地处理。人生有时也会失败，但托马斯·H．哈格斯金曾经说过："年轻时期失败数次，对将来十分有益。"所以失败多少次不算什么，关键是不能因此而气馁、意志消沉、迷失前进的方向，从而丢掉进取之心。不论如何，你应去尝试。只有这样，你才会真正长大。

人生如同在大海里航船，
只有勇敢才能到达幸福的彼岸。
不敢搏风击浪而去绕浅滩，
船儿就要颠覆搁浅。

——莎士比亚《尤里斯·恺撒》

4. 明确自己的目标

西方有这样一个故事：在炎炎烈日下，两名瓦工在砌一堵墙，一位行路人走过，问他们：你们在干什么?

“我们在砌砖”一个人答道。

“我们在修建一座美丽的剧院”他的同伴回答。

以后，再以后……将自己的工作视为砌砖的瓦工砌了一生的砖，而他的同伴成了一名颇具实力的建筑师，承建了许多美丽的“剧院”。

这个故事道明拥有目标的重要性。策划你的人生目标，就像艺术家雕刻一样，首先要在头脑中看到一个形象，看到一种精神，看到理想中的物，拟定步骤才能动手完成。目标不但使我们的行动有依据，人生有意义，还能激励我们的斗志，开发我们的潜能。

这仿佛是个定律，在人生的前方设定一个目标，不仅是一个理想，同时对自己也是一个约束和激励。就像跳高，只有设定一个高度目标，才能跳出好成绩。

著名科学家、发明家爱迪生，他一生的发明多得叫人难以相信，可他全部学校教育总共只有三个月的时间。在校期间，他的老师曾说他是一个只会做白日梦的少年，断言他的一生绝不会有什么成就。

然而，爱迪生成功了。

精神医科专家维克多·弗兰克尔用事实贴切地说明了“人不能没有目标地活着”的道理。

第二次世界大战期间，他被投入纳粹集中营，他与他的伙伴被剥夺了一切——家庭、职业、财产、健康甚至人格，他不断地观察着丧失了一切的人们。他观察到“有的人消沉颓废下去，有的人如圣人一般越站越高”，他悟到当一个人确信自己存在的价值时，什么样的饥饿和拷打都能忍受。而那些没有目的活着的人，都早早地毫无抵抗地死掉了。

据说，从奥斯维辛集中营活下来的人不到1/20，他们差不多毫无例外都是深知生命的积极意义的人，他们顽强地活下来的原因是因为他们心里明白——要做的事情还没有做完。他们期待着和活着与爱着的人重逢。

人生的目标——应战的擂台，这是能给你摆脱逆境和力量的特效药。

有生命的地方就有希望。

有希望的地方就有梦想。

有了清楚的梦想，加上反复地充实与描画，梦想就能变成目标。

胜者认为，当目标完全融于自己的人生时，目标的达到就只是剩下时间问题了。

（1）拥有自己的目标比拥有才能更重要

无论你是怎样全力以赴实现了某个目标，也不能说已经完成了一切。要是已经完成了几个目标，那么应该再设定新的、更感兴趣的目标。

即使过去创下过显赫的业绩，也不能说已经足够。对你来说，最好的东西还在后头。不要在回顾自己的业绩时说“做得真好，目标已完全实现”，而应该认为能这样好地完成工作，只是“证明自己还有进一步发展的可能”。要经常相信自己的面前有永无止境的美好未来，不能有丝毫怀疑。这样就能从某种程度的成功，继续走向更大的成功，从而拥有不断发展的壮阔人生。

美国社会人生观的基础就是人人机会均等，人人都能靠自己的信念和能力获得发展。怀有这种信念或思想，拥有自己的目标，远比拥有才能更重要。

深切地认识到积极的态度、信念和拥有目标的重要性，凭借思想、信仰、对自身能力的自信和目标，就能激发出意想不到的潜能。

（2）给生命一份坚实的承诺

“夫志，气之帅也。”大凡成功人士总会有自己矢志不渝的奋斗目标。难不怕，苦不怕，青春梦想指引着我们昂然前行。拥有自己的目标：给生命一份坚实的承诺。

当你上小学三四年级的时候，老师就开始教你写作文，要求你写作文的时候要有一个引人入胜的开头，正文要有条有理，最后要有一个精彩的结尾。你也可能将这种安排和技巧用之于自己的人生，将整个人生作为一篇作文，“开头”就是为进入成人期而准备的童年，“正文”便是安排、计划得有条有理的成年阶段，而“结尾”便是退休阶段和幸福的晚年。所有这些计划看似有条有理，但是，或许在刚刚开始挥毫的时候，甚至是到了文章临近结束时候，你都没有意识到自己犯了一个严重的错误，忽视了一个很重要的问题，那就是，你耗尽毕生的精力抒写这篇文章的目的。

如果文章只是刚刚开幕，别着急，亡羊补牢，犹未晚矣，一切都还来得及。

然而，如果洋洋洒洒的一篇文章就这么到了头，你才意识到这一点，恐怕只有捶胸痛恨的份了。

还有一种人，直到文章已经发表，等待后人评说的时候，还未曾意识到这个问题，还得意洋洋地说：“看，我的文章也已经作好！”

及时挽救者，重新调整思路，确定方向与目标，最终使整个

“文章”流光溢彩，青史永垂；

捶胸痛恨者，心虽有余而力已不足，文似流水账，杂乱而平庸，只有怨恨自己后知后觉，郁郁而终此一生；

得意洋洋者，湮没于岁月风尘之中，虽偶有亮点但瞬间隐没，既无美名反而留下笑柄，最为可悲可叹！

同是一个漫漫人生路，为何三种人的结局如此之不同？究其原因，虽然复杂，但有一点却很显然——人生目的不同。惟有确立了自己的人生目标和奋斗方向的人，才能在人生旅途中疾步如飞，直至功成名就，才有资格俯拾过去的日子，悉心地收藏自己的生命花絮。那些随波逐流、浑浑噩噩的人，注定一事无成。

没有想飞的愿望，心便永远低沉。只有那些志在顶峰的人，才决不会留意半山腰的奇花异草。

青松对瀑布说：请留下来与我为伴。

瀑布摇摇头，飞身跃下去寻找大海。

只要坚守自己的目标和信念，则不失为一道独特而美丽的风景。树立了理想与目标，就是给自己一个坚强的动力，给生命一份坚实的承诺。

定律18 多米诺效应

多米诺骨牌(domino)，又叫“西洋骨牌”。它最早起源于中国的一种古老的智力游戏，18世纪传入欧洲后，经意大利人的发展，成为风靡世界的一种益智游戏。多米诺骨牌一块接一块倒下的连锁反应现象，科学家称之为“多米诺效应”。不论是在政治、军事还是商业领域中，如果不注意防微杜渐和堵塞漏洞，就可能产生一倒百倒的多米诺效应。

1. 企业的危机管理

如同在战场上没有常胜将军一样，在现代商战中也没有永远一帆风顺的企业，任何一个企业都有遭遇挫折和危机的可能性。从某种程度上来讲，企业在经营与发展过程中遇到挫折和危机是正常和难免的，危机是企业生存和发展中的一种普遍现象。

在某次调查中，有74．7%的中高层企业管理人员表明他们所在的企业会对企业薄弱环节和存在的潜在问题进行分析和讨论，有23．8%者表示不会。

危机管理并非只是管理人员和攻关人员的职责，而是企业内各部门的联合责任。因为危机种类繁多，一个有效的危机管理团队应该由高层管理人员和各方面的优秀人才组成。这些人才在企业常态时除了干好本职工作外，还起着防范和预警企业危机的作用。当企业一旦出现危机，他们就应该在高级管理人员的组织和协调下，快速起到处理危机的作用。当企业出现危机时，高层管理人员应该具有快速直接调用相关专业人员的权利和能力。比如一旦出现财务危机，可以调用财务专家；出现攻关危机，可以调用公共关系专家；出现产品或技术问题，可以调用技术专家等等。危机出现时，能否快速组建成一个高效的危机管理团队，很大程度上取决于企业平时的人才资源储备情况。

每个企业都有遇到危机事件的可能性，但是并非每个企业都有足够的能力建立起一套行之有效的危机管理体制并储备足够的危机处理资源（包括人力、财力、物力以及公共关系资源等等）。在社会资源合理配置法则和现代社会分工越来越专业化的趋势下，这一对矛盾的客观存在将会孕育出一个充满生机和活力的危机管理中介服务市场。目前，中国危机管理专业服务市场尚不发达，但已有一些攻关公司、管理顾问和咨询公司注意到了这一商机，推出了危机管理项目，但其重点只是集中在对实际危机的处理上，少有危机防范和危机预警服务。

（1）制定危机管理计划

虽然说预先识别出危机并将危机“扼杀”于无形之中，是成本最低的危机管理方式，但是，任何一个企业，即便防范措施做得再好，也不能保证“万无一失”，保证危机绝对不会发生。因而企业应该“未雨绸缪”，事先做好危机管理计划，以便一旦危机真的来临时能够从容面对。

58．8%的企业在制定年度经营计划时会制定出正式的危机管理计划，其中有75．1%的企业在制定计划时聘请了企业外部的法律顾问或危机管理专家参与讨论。

危机管理计划与一般计划之间最大的区别在于一般计划在制定后就要努力使之付诸实现，而危机管理计划在制定之后，人们并不希望该计划有实现的机会，并且在现实中确实有许多危机管理计划并没有实施。这就使得有些管理者存在侥幸心理，不愿意花费人力物力财力来思考和制定危机管理计划。

（2）危机管理知识培训

任何企业行为都是通过员工的行为来实现的，因而有必要对企业员工进行危机管理知识培训。向员工进行危机管理培训，首先要强调“居安思危”，强化其危机意识，强调许多大的、灾难性的危机可能仅仅源于小的疏漏，提高他们对于危机事件发生的警惕性；其次，则在于培训和提高员工防范和处理危机的能力。

调查中，有64．9%的企业会对内部员工进行有关危机管理知识的培训，31．2%表示不会进行此种培训。

（3）如何应对第一大危机——人事危机

人事危机不仅是我国企业最经常面临的危机，也是给企业造成严重影响的首要危机。当前我国企业的人事危机包括两个方面：一是普通员工的频繁跳槽，二是高层管理人员的非正常离职。

企业中高层管理人员的意外离职，有时会给企业带来非常直接和巨大的损失，因为他们熟悉本企业的运作模式，拥有较为固定的客户群，而且离职后只要不改换行业，投奔的往往是原企业的竞争对手，势必会给原企业的经营和发展带来较大的冲击。解决企业管理者意外离职问题，既需要完善激励机制，也需要完善约束机制，从根本上讲就是经理人的职业化问题。经理人职业化问题不是一蹴而就的，在种种机制还不完善的情况下，企业有必要事先做好一旦重要管理人员意外离职的应对准备工作。

如有的企业在平时就比较注重培养高层管理人员的“接班人”，一旦出现重要管理人员意外离职情况，可由“接班人”直接接任其工作，对企业的正常运转不会造成过大影响；有的企业对企业重要高层管理人员的意外离职持不在意态度，出现高层管理人员意外离职情况时，由上级领导指定临时接班人；也有采用先在企业内部竞聘，然后由上级主管部门决定，或由上级主管部门直接决定的方式。

不同规模企业在应对中高层管理人员意外离职时存在显著性差异。总的说来，大规模企业和中等规模企业对于管理人员的意外离职更重视。在资产一亿以上的大规模企业中，有24．1%企业平时就注重接班人的培养，一旦有管理人员意外离职，可由接班人直接接任。

2. 企业的“多米诺效应”

大家或许都见过“多米诺”骨牌哗啦啦连续倒下去的精彩场面（如果没有，拿麻将牌试一试也可以）。企业管理也存在着这种现象，如果其中哪个环节有点儿疏漏，最后的结果肯定不甚理想。这就像从一串骨牌中抽出一张，关键时刻掉链子。

多米诺骨牌码放活动，作为一项新兴的体育运动在磨炼参与者耐力，开发参与者智力等方面体现出巨大优势。特别是对团队精神的培养更是一条新途径。目前，许多企业界面对同行业竞争，努力培养自己内部员工的团队精神，并称“团队为王”，采用在野外极恶劣的环境中锻炼等方法，训练员工耐力、培养顽强意志以及互相合作帮助，以达到团队统一协调的目的。

如某商场以庆祝北京申奥成功为主题，举行了一次大型多米诺骨牌码放表演活动。商场300余名员工，齐心协力在400余平方米的大堂，码放了10万余枚多米诺骨牌。活动要求各部门分工协作，互相帮助，自己区域在限定时间内码放成功，同时还要与相临区域码牌选手协调好，不仅不能碰倒别人的骨牌，最终还要把大家的牌连到一起，形成一个整体画面。在活动进行过程中，有的部门完成得好，还主动帮助别的部门码放，而弱队的同事对于队友善意帮助非常感激。很明显，他们懂得绝对不能因为自己这一点影响全局，而本部门的情况又确实需要“人才输入”，这么一来二去，各部门之间人员的感情迅速升温，以前在工作上的恩恩怨怨全都抛到脑后，化作感激，特别是当大家全部完成任务，一幅幅图文并茂的字画码放起来，而主题又是把国家喜事与企业理念码放在一起。一种强大的集体荣誉感，自豪感油然而生。多米诺集体活动把全体员工的心连到了一起，企业的向心力，凝聚力形成了。

事后，该商场的负责人说：“通过码牌使我们商场各部门人际关系有了很大的转变。以前各部门各自干事，需要配合时，部门之间常有相互推让现象，现在大家都变成了‘哥们儿’、‘姐们儿’。公司的事情就是大家的事情，现在大家见面都主动打招呼，都愿意帮助别人。因为大家认为只有公司提高了效率，增加了效益，有了发展，自己才会有发展受益。所以，都积极主动的做事情，形成了良好的局面。”活动完成后，问到大家对多米诺的认识时，刘小姐说：“大家都已经对多米诺产生了敬畏心，心里还想码，但不敢轻易上手做计划，因为码放成功太难了，压力也太大，‘风险太多’，正像企业面临激烈的竞争一样，不能有半点闪失，但公司还是希望每年做一次这样的大型活动，来提高员工素质，培养团队精神，做好企业文化。”

团队精神培养是企业内部的最重的一项基本管理要求，拥有一个过硬的团队，是战胜困难，创造佳绩最基本的保障。惠普曾希望创造1500万枚多米诺骨牌码放世界之最，目的也在于此。

海尔集团首席执行官张瑞敏先生对员工提出“居危思进”和微软领导人比尔·盖茨所讲：“微软离破产永远只有18个月，我们希望大家永远不要忘记，企业是在竞争中生存，团结向上才能争第一。”

优秀的企业都有自己优秀的企业文化，愿我们推广的多米诺项目能够在中国这个未来世界最大的市场上，为企业、为企业家们、为员工们提供一个培养团队精神的最佳途径，使之帮助企业得以成功，员工得到发展，共创辉煌。